**KOMPASS-L**

Die KOMPASS-Wanderkarte 1:25.000 umfasst großartige Gebirgsgruppen. Im Nordon... kofelgruppe, u.a. mit den Gipfeln Seekofel, 2750 m, Senneser Kar-Spitze, 2659 m, Antoni-Spitze, 2655 m und Cunturines-Spitzen, 3002 m - 3064 m mit dem Naturpark Fanes-Sennes-Prags westlich des Höhlensteintales und östlich davon erheben sich die Sextner Dolomiten mit den Drei Zinnen und dem Naturpark Sextner Dolomiten. Die wohl schönsten Gipfel der Sextner Dolomiten sind u.a. die Dreischuster-Spitze, 3152 m, der Mitterebenkofel, 2743 m, der Paternkofel, 2744 m, der Rautkofel, 2607 m, und der Zwölferkogel, 3094 m. Südlich dieser beiden Gebirgszüge ragen der Lagazuoi, die Fanes- und Tofanagruppe westlich des Ampezzaner Tales empor. Vom Falzaregopass, 2105 m, aus führt eine schön angelegte Seilbahn auf den Monte Lagazuoi, den vielleicht schönsten und großartigsten Aussichtspunkt der gesamten Dolomiten. Östlich des Ampezzaner Tales, in welchem sich Cortina d'Ampezzo befindet, schließen die Pomagagnon-, Cristallo- und Cadinigruppe an. Im Süden erheben sich zwischen dem Fiorentina- und dem Bòitebach der Nuvolau, der Averau und die Croda da Lago, östlich des Bòitetales liegen die Sorapissgruppe mit der Sorapiss Spitze, 3205 m, und die Marmarolegruppe.

Die genannten Gebirgsgruppen sind mit Unterkunfshütten gut ausgestattet (siehe Verzeichnis). Im gesamten Bereich gibt es auch ein dichtes Netz von Bergbahnen und -liften, wodurch viele Wandergebiete und Wintersportmöglichkeiten erschlossen werden.

Im Mittelpunkt des Kartenblattes liegt die Gemeinde Cortina d'Ampezzo, umgeben von einer herrlichen und gewaltigen Gebirgskulisse. Dort treffen auch zwei berühmte Straßen aufeinander: durch das Fassatal kommt die in Bozen beginnende «Große Dolomitenstraße» herauf, die 1909 als reiner Verbindungsweg für den Fremdenverkehr angelegt worden war; sie zieht sich weiter über das Pordoijoch, durch Buchenstein und über den Falzaregopass und endet in Cortina. Im Pustertal dagegen hat der uralte Handelsweg «Strada d'Alemagna» seinen Anfang, der durch das Höhlensteintal und über Schluderbach Cortina erreicht, von wo aus er durch das vom Bòite durchflossene Tal weiter nach Süden führt. Über die besten und vollständigsten Wintersporteinrichtungen verfügt zweifellos Cortina d'Ampezzo, wo im Jahr 1956 die 7. Olympischen Winterspiele ausgetragen wurden.

Recht lebendig ist auch heute noch das traditionelle Kunsthandwerk, das Holzschnitz- und Einlegearbeiten sowie Gegenstände aus Schmiedeeisen und Kupfer herstellt. An Festtagen kann man in vielen Orten noch die alten, farbenprächtigen Trachten und einige Musikkapellen bewundern, die zu besonderen Feierlichkeiten aufspielen. Dieses Herzstück der Dolomiten ist auch die traditionelle Wiege berühmter Bergsteiger, Bergführer, Skiläufer und Eishockeyspieler.

## Siedlungsgeschichte

Die Dolomiten lagen im Einzugsbereich der Hallstatt- und La-Tène-Kulturen, und man ist deshalb vielerorts der Auffassung, dass dieses Gebiet zu dieser Zeit bereits besiedelt war. Zweifellos wird diese Auffassung durch die Existenz von ladinischen Sagen - besonders im Fanes-Bereich - gestärkt. Nachgewiesen ist jedoch eine keltische Besiedlung vor dem Eindringen der Römer in den Alpenbereich im 2. Jh. v. Chr.; vorher waren möglicherweise auch Ligurer und Etrusker in südliche Alpentäler eingedrungen. Die bei der Invasion vorgefundenen Einwohner waren für die Römer die «Räter». Durch die weitverzweigten Talschaften fand eine vollständige Romanisierung dieses Gebietes nie statt; aus den fruchtbaren Haupttälern vertriebene Bewohner zogen sich in abgelegene Hochtäler zurück und begannen dort mit Rodung und Besiedlung. Erst im Jahre 15. v. Chr. wurde das gesamte Gebiet von den Römern unter Drusus unterworfen und blieb für fast 5 Jahrhunderte unter römischer Herrschaft. Die Auswirkung war eine Verschmelzung römischen und bodenständigen Sprach- und Kulturgutes; in weiten Teilen des Alpengebietes war nun eine «ladinische» Bevölkerung ansässig. Die Besiedlung entlegenster Täler begann wohl erst mit der Völkerwanderung, als Langobarden, Ostgoten, Franken, Slawen und Bajuwaren die Haupttäler durchstreiften, verwüsteten und sich auch z.T. selbst niederließen. So gehörte dieser Bereich dann zum Ostgoten-, später zum Langobardenreich.

774 wurde das Langobardenreich durch Karl den Großen zerstört und die Dolomiten wurden ins Frankenreich eingegliedert. Bei dessen Zerfall kam der Großteil zum Herzogtum Bayern, der südliche Bereich zum Königreich Italien. Zur Zeit der Ottonen und Salier im 10. Jh. war das Land im Besitz der Markgrafschaft Verona. Immer bedeutender wurde auch der Einfluss geistlicher Fürsten, so übernahm bald darauf das Patriarchat von Aquileia den Besitz. 1487 brach Krieg zwischen der Grafschaft Tirol und Venedig aus, wonach eine Grenze entstand, die für weitere Jahrhunderte bestehen sollte. Der Bereich von Cadore verblieb endgültig bei Venedig, wie das Ampezzaner Gebiet bei der Grafschaft Tirol.

Nur während der napoleonischen Kriege wurde diese Ordnung für wenige Jahre unterbrochen; nach dem Wiener Kongress wurde die venezianische Alleinherrschaft durch ein Lombardisch-Venezianisches Königreich ersetzt. Nach der Einigung Italiens verlief die Grenze zwischen dem italienischen Königreich und Österreich-Ungarn quer durch das Gebiet. Diese Situation führte auch bei der Kriegserklärung Italiens an Österreich-Ungarn im Ersten Weltkrieg dazu, dass die Dolomiten zum Kriegsschauplatz wurden, wo ein erbitterter Stellungskrieg ohne große Gebietsgewinne entbrannte. Auf vielen Touren in diesem Heft wird der Wanderer auf deutliche Spuren dieses Hochgebirgskrieges stoßen; am Monte Piana wurde sogar ein Freilichtmuseum eingerichtet. Nach dem Zerfall Österreich-Ungarns wurde das gesamte Gebiet im Jahre 1919 Italien zugesprochen. Von all diesen Jahrhunderte langen Wirren unberührt konnte sich jedoch eine ladinische Besiedlung in den Dolomitentälern halten und in neuerer Zeit sogar wieder ausbreiten.

## Die Dolomiten

Die Dolomiten zählen zu den schönsten Bergen der Alpen. Ja, sie werden, ihrer bizarren Formen wegen, vielfach sogar als die Könige der Alpen bezeichnet. Allein schon der Name Dolomit versinnbildlicht etwas von der Harmonie, die trotz der Vielfältigkeit ihrer Gestaltung bei ihrem Anblick auf den Beschauer wirkt. Die Namensgebung stammt vom französischen Forscher Déodat Gratet de Dolomieu, der in der zweiten Hälfte des 18. Jahrhunderts herausfand, dass es sich beim Dolomit um mit Magnesium gebundenen Kalkstein handelt.

Die Dolomiten erstrecken sich, im Großen und Ganzen, vom Ostufer des Eisack und der oberen Etsch bis zum Kreuzberg und von dort westlich des Piavelaufes bis zum Sugana-Tal. In vielgestaltiger Formung bauen sie sich nicht als Gebirgsketten, sondern als Gruppenformationen auf. Dadurch wurde es möglich, sie vor allem während der letzten Jahrzehnte immer mehr dem Verkehr durch Straßenbauten zu erschließen. Für Höhengänger bieten sie ideale Übergänge, dem Kletterer zeigen sie vielerorts bereits durch die Färbung ihres Gesteins die Möglichkeiten, aber auch die Gefahren einer Besteigung ihrer Wände oder Türme an. Gerade diese Färbungen des Gesteins geben den Dolomiten eine ganz eigenartige, charakteristische Note. Der ständige Wechsel von Kalk, Dolomit, dunkelfarbenen Tuffen, heller gefärbten Mergeln, an Ziegelstaub erinnerndem Sandstein und tiefdunkler Lava schafft aufeinander abgestimmte Tönungen, die den ganzen Reiz dieser Bergwelt ausmachen. So nimmt es nicht Wunder, dass in den Schluchten und Abgründen, über den Kaminen und um die turmhoch aufsteigenden spiegelglatten Wände Sagen entstanden und die «Bleichen Berge», wie sich die Dolomiten vor allem abends nach Sonnenuntergang zeigen, mit einem Hauch von Legenden und Geheimnissen umgaben.

*Drei-Zinnen-Hütte mit Toblinger Knoten / Il Rifugio Locatelli e la Torre di Toblin*

Auch geologisch ist der Aufbau der Dolomiten besonders interessant. Das Hauptelement bilden gewaltige Felsbastionen, die mit ihren Zinnen, Zacken und Türmen auf ehemaligen Korallen- und Kalkablageriffen aufgebaut waren. Diese hatten sich in den Randgewässern des sogenannten mesozoischen Mittelmeeres gebildet. Restgesteine, die auftraten, setzten sich ebenfalls auf dem Meeresboden fest. Lava, welche aus unterseeischen Vulkanen ausbrach, erstarrte zu Augitporphyren. Tuffbildungen wiederum, die sich im Laufe des Trias entwickelten, traten zu diesen dunklen Lavaströmen hinzu. Bis dann, auch während der Triasperiode, die mächtigen Stapel der unterdessen «verfestigten» Schichtungen von ungeheueren Kräften verlagert und über den Meeresspiegel gehoben wurden. Hier wurden dann die in der Tiefe bereits verfestigten Gesteinsschichtungen der Riffmassive der Zersetzung durch abbauende Elemente ausgesetzt. Denudation, Insolation, Spaltenfröste, Fließwasser und die Atmosphäre fraßen die an die 1000 m über dem Meere anfragenden Riffe an, zerklüfteten sie und lösten die Schichtungen. Dadurch bildeten sich Schluchten und Täler. So wurden die Dolomiten zum klassischen Beispiel des Entstehens von Formationen des Trias mit all ihren Eigenheiten des Gesteins.

Landschaft und Natur öffnen dem Bergfreund hier eine Welt, die ihm während des Sommers die Schönheit der Alpen zu einem Stimmung und Herz erhebenden Erlebnis werden lässt, während er sich in den Wintermonaten in ein wahres Märchenreich voll glitzerndem Zauber versetzt glaubt.

## Sextner Dolomiten

Die **Sextner Dolomiten** schließen sich im Osten zwischen dem Höhlensteintal und dem Sextental an. Mit den Drei Zinnen, 2999 m, und dem Zwölferkofel, 3094 m, besitzen sie einige der berühmtesten und formschönsten Gipfel der Alpen. Die Erstbesteigung der Großen Zinne erfolgte am 21. August 1869 durch den Wiener Bergsteiger Paul Grohmann, den Kärntner Franz Salcher und den Begründer der Sextner Bergführerdynastie, Franz Innerkofler. Die damalige Route verlief über die heute noch viel begangene Südwand. 1879 wurde die Westliche Zinne (von Michael Innerkofler und G. Ploner), zwei Jahre später die Kleine Zinne (von Michael und Hans Innerkofler) erstmals erreicht. Seither wurden die drei senkrecht gegen Norden abfallenden Zinnen über vielzählige Routen und zu jeder Jahreszeit bestiegen. Die Sextner Dolomiten lassen sich in sechs Untergruppen gliedern: Haunoldgruppe, Dreischustergruppe, Elferkofelgruppe, Zwölferkofelgruppe sowie die Gruppe der Drei Zinnen und des Paternkofel.

Im Süden schließen sich als eigenständige Gruppe die Cadinspitzen an.

Wohl zu den weglosesten und einsamsten Dolomitengegenden gehört die vom Höhlenstein- und Innerfeldtal umrahmte **Haunoldgruppe**. Sowohl die Tatsache, dass es dort keine Schutzhütten gibt, als auch der Aufbau der Gipfel lässt diese Berge nur zu einem Ziel für Kletterer werden. Die im 2966 m hohen Haunold gipfelnde Berggruppe zeichnet sich durch eine noch unverfälschte landschaftliche Naturschönheit aus. Von den Gipfeln bietet sich ein herrlicher Ausblick auf das Pustertal, auf die benachbarten Dolomitenberge und auf die Zentralalpen im Norden.

*Sextner Dolomiten von Osten / Dolomiti di Sesto da est*

Die **Dreischustergruppe** steht mit den zentralen Sextner Dolomiten durch den Toblinger Riedel in Verbindung. Im Westen wird sie vom Innerfeldtal, im Norden durch das Sextner Tal und im Osten vom Fischleintal begrenzt. Ihr Hauptgipfel ist die 3152 m hohe Dreischusterspitze, die sich vom Pustertal aus als majestätischer Bergriese zeigt. Empfehlenswert ist die unschwere Besteigung der Schusterplatte, 2957 m, von der Drei-Zinnen-Hütte. Von der geräumigen Gipfelabdachung hat man einen herrlichen Rundblick auf die gesamten Sextner Dolomiten.

Die **Zwölferkofelgruppe** ist einer der eindruckvollsten Bergstöcke in den Dolomiten, der Zwölferkofel mit 3094 m die höchste Erhebung dieser Gruppe. Sie wird von mächtigen Wandfluchten, zerklüfteten Türmen und wilden Schluchten geprägt. Den Fuß der Kalksteinstöcke bilden große, von Schotter erfüllte Kare. Die Gruppe ist das Ziel vieler Bergsteiger, die hier Touren jeden Schwierigkeitsgrades vorfinden. Beliebte Ausgangspunkte sind die Zsigmondy-Comici-Hütte sowie die Carducci-Hütte.

Unmittelbar an die Zwölferkofelgruppe schließt östlich die **Elferkofelgruppe** mit dem Elferkofel, 3092 m, an. Es ist ein Bergstock von besonders wildem Aussehen, mit einem Gewirr von Karen, Türmen und Terrassen. Im Ersten Weltkrieg waren die Gipfel heiß umkämpft und mit einem dichten Stellungsnetz überzogen. Bei Wanderungen trifft man hier auf Schritt und Tritt auf verfallene Steige, Kavernen und Spuren der einstigen Kämpfe.

Die **Gruppe der Drei Zinnen** gehört zu den ungewöhnlichsten Bergen in den Ostalpen. Vor allem der Anblick dieser drei mächtigen Felsklötze von Norden ist berühmt. Zu dem Bergstock gehören neben den Drei Zinnen mit einer Höhe von 2999 m noch mehrere Türme und Zacken. Die Drei-Zinnen-Gruppe zählt wohl zu den meistbegangenen Kletterparadiesen, bietet sie doch auf kleinem Raum über 100 Anstiegsrouten. Die Hütten (Auronzo-, Lavaredo-, Drei-Zinnen-Hütte) sind ohne kräfteraubenden Aufstieg von der Drei-Zinnen-Panoramastraße aus zu erreichen (Mautstraße vom Antorno-See zur Auronzo-Hütte).

Die **Paternkofelgruppe** mit dem Paternkofel, 2744 m, ist zwischen der Zwölferkofel- und Drei-Zinnen-Gruppe eingelagert. Sie ist zwar unscheinbar, war aber im Ersten Weltkrieg aufgrund ihrer beherrschenden Lage über dem Zinnenplateau heftig umkämpft. Nicht versäumen sollte man einen Besuch des unweit der Drei-Zinnen-Hütte beginnenden Paternkofel-Stollens.

## Cristallogruppe, Pomagagnon, Sorapiss, Marmarole

In der Cristallogruppe ragt der Monte Cristallo, einer der gewaltigen Felsgiganten der Ampezzaner Dolomiten empor; er steht im Nordosten über Cortina d'Ampezzo und bildet für diesen Ort eine prächtige Kulisse. Er ist wohl einer der faszinierendsten Gipfel, majestätisch erhaben, vielleicht sogar furchteinflößend, aber gerade deshalb eine Herausforderung und «Pflicht» für jeden erfahrenen Bergsteiger. Wie in vielen Nachbarmassiven fand auch hier in den Jahren 1915 - 1918 das grausame Ringen des Gebirgskrieges statt, und die damaligen militärischen Anlagen und Steige waren zum Teil Grundlage für den Ausbau und die Herstellung des Heutigen Klettersteignetzes.

Die «Via ferrata Ivano Dibona» ist ein gelungenes Beispiel dieser vielfacher

*Sorapiss-Spitze von Osten / Punta Sorapiss da est*

Mühe von Idealisten und führt vom Rif. G. Lorenzi durch den gesamten westlichen Cristallokamm bis zum Col dei Stombi. Dabei ist gleich am Anfang eine 27 m lange, schwankende Hängebrücke zu überqueren; sensationell ist dieser Höhenweg, der herrliche Panoramaausblicke bietet und in realistischer Form Einblick in die örtlichen Verhältnisse des Gebirgskrieges erlaubt. In anderer Umgebung wäre der westlich der Cristallogruppe liegende **Pomagagnonzug** ein eindrucksvoller Bergzug, doch in der Nachbarschaft des Monte Cristallo, der höher als 3000 m ist, führt er mit seinen 2450 m ein eher bescheidenes Dasein, wenn er auch zwei schöne Klettersteige mit herrlicher Aussicht auf den Dolomitenhauptort aufweist. Cortina im Süden und das liebliche Misurina im Osten sind zwei berühmte Talstützpunkte.

Die **Sorapissgruppe** bildet die gewaltige südöstliche Kulisse für den berühmten Dolomitenhauptort Cortina d'Ampezzo. Der Gipfelkamm dieses gewaltigen Bergstockes bildet einen Halbkreis und ist nach Nordosten hin geöffnet. In der Mitte, im Süden, liegt die Sorapiss-Spitze, mit 3205 m, einer der sieben Gipfel der östlichen Dolomiten, die mehr als 3200 m Höhe erreichen. Erstmals erstiegen wurde der Gipfel 1864. Westlich wird der Bergstock durch das Ampezzotal, nördlich durch den Passo Tre Croci begrenzt, das Ansieital schließt im Norden ab, während nach einer markanten Einkerbung die **Marmarolegruppe** den Gebirgszug nach Südosten weiterführt. Die drei kleinen Gletscherfelder, innerhalb des Gipfelhalbkreises gelegen, speisen mit ihrem Schmelzwasser den kleinen Lago di Sorapiss. Die sich von diesem Standpunkt aus bietende Kulisse mit charakteristischen Spitzen wie den «Drei Schwestern» und dem «Finger Gottes» kann wirklich als eine der Kostbarkeiten der Dolomiten bezeichnet werden.

## Fanes- und Tofanagruppe

So als wollte die **Fanesgruppe** den Übergang von den westlichen zu den östlichen Dolomiten symbolisieren, vereinigt sie auch die wesentlichen Erscheinungsformen dieser beiden Gebiete in sich. Zum einen zeigt sie in den zerklüfteten Felstürmen des Faneskamms die typische Struktur des westlichen Gesteins, andererseits lässt das weite, wuchtige Hochplateau der Fanesalm schon die klobigeren Felsformen des östlichen Teils erahnen. Eine Abgrenzung des Massivs, das einen Teil des Naturparks Fanes-Sennes-Prags darstellt, liegt nördlich im Rautal, westlich im Gadertal und im Südosten ist die Tofanagruppe als Nachbar zu nennen. Die Cunturines-Spitze (3064 m) ist die höchste Erhebung. Dass dieses Hochplateau der Fanesalm mit seinen reizvollen Seen Anlaß zu Sagen war, verwundert nicht und gerade jene des Volkes von Fanes hat sich neben der von König Laurins Rosengarten am besten erhalten. Diese Gruppe bietet neben den Klettersteigen, die einen realistischen Einblick in den Gebirgskrieg ermöglichen, auch herrliche Wanderungen auf dem Hochplateau der Fanesalpe.

Westlich von Cortina d'Ampezzo gelegen bildet sie eine der prächtigen Kulissen dieses berühmten Dolomitenortes und hat somit wohl zu dessen Bekanntheit mit beigetragen. Die **Tofana** ist einer der markantesten Felsstöcke und besteht aus drei Teilen - dem Gipfel der Tofana di Rozes, Tofana di Mezzo und der Tofana di Dentro. Die Tofana di Mezzo ist mit 3244 m die höchste Erhebung der Gruppe und ein herrlicher Aussichtsberg, der über eine Seilbahn mit Zwischenstation direkt von Cortina aus erreichbar ist. In den Jahren 1863 - 1865 war es der bekannte Dolomitenerschließer Paul Grohmann, der alle drei Spitzen eroberte, teilweise geführt vom Cortiner Bauern Francesco Lacedelli. Im Ersten Weltkrieg war dieses Gebiet, wie auch viele andere, heiß umkämpft, wobei die Tofana di Rozes zuerst von den Österreichern, später von den Italienern besetzt war. In Cortina d'Ampezzo befindet sich das Denkmal des italienischen Generals Antonio Cantore, der, wie viele andere Soldaten, in der Tofana sein Leben gelassen hat.

## Dolomiten-Höhenwege

Die Dolomiten-Höhenwege verbinden Berghütten durch Hochgebirgspfade oder sogenannte «befestigte Wege» (die italienischen «vie attrezzate») miteinander, um dem Begeher ein möglichst vollständiges Bild der unterschiedlichen Dolomitenlandschaften zu vermitteln. Die Wege sind von jedem guten Bergwanderer ohne Schwierigkeiten zu bewältigen. Gebirgserfahrung und Trittsicherheit braucht man allerdings für die möglichen Varianten, die auf Gipfel oder über Klettersteige (die italienischen «vie ferrate») führen. Wichtig ist in jedem Fall eine gute Bergausrüstung mit kräftigen Schuhen, warmer Kleidung und Regenschutz, denn die Wege verlaufen auf einer durchschnittlichen Höhe zwischen 2000 und 2500 Metern, und plötzliche Wetterumschläge sind hier in jeder Jahreszeit möglich. Die einzelnen Hütten sind durchschnittlich 3 - 5 Stunden voneinander entfernt. Es ist jedoch jederzeit eine Unterbrechung der Wanderung und eine Rückkehr ins Tal möglich. Das auf der Karte aufgezeichnete Gebiet umfasst die Dolomitenhöhenwege Nr. 1, 3, 4 und 5.

### Dolomitenhöhenweg Nr. 1

Der Dolomitenhöhenweg Nr. 1 eignet sich für alle Bergliebhaber, die gerne in durchschnittlicher Höhe auf ungefährlichen Wegen wandern. Die Route führt ausgehend vom bezaubernden Pragser Wildsee mitten durch die Dolomiten, wobei er die Fanesalm, die Tofanagruppe berührt und den erfahreneren Bergsteigern den Anschluss an die Klettersteige gestattet. Er verläuft anschließend durch das Val di Zoldo über den Monte Pelmo und den Civetta und endet schließlich in Belluno.

### Dolomitenhöhenweg Nr. 3

Der Dolomitenhöhenweg Nr. 3 führt von Niederdorf oder Neutoblach (Ortsteil Rienz) in 7 Tagesetappen nach Longarone. Er quert berühmte Massive wie die Cristallogruppe und den Pelmo. Ist auch als «Gemsenweg» bekannt, da er die Ausflügler in eine noch unberührte Umgebung geleitet.

### Dolomitenhöhenweg Nr. 4

Der Dolomitenhöhenweg Nr. 4 ist ein 80 km langer, hochalpiner Wanderweg von Innichen im Pustertal nach Pieve di Cadore im Piavetal. Der Weg führt mitten durch die berühmte Felsszenerie der Sextner Dolomiten und die südlich davon liegenden Sorapiss- und Antelaomassive. Einige Wegabschnitte sowie stellenweise gesicherte Steiganlagen sind nur für erfahrene und schwindelfreie Bergwanderer geeignet. Der Weg wird auch «Grohmann-Höhenweg» genannt, nach dem österreichischen Bergsteiger, der Mitte des 19. Jh. als erster einige der höchsten Dolomitengipfel erklomm.

**Dolomitenhöhenweg Nr. 5**

Auf abwechslungsreichen Steigen führt dieser «Dolomitenhöhenweg» quer durch die östlichen Sextner Dolomiten, verläuft in einer großen Schleife um die Marmarolegruppe und erreicht, wie der Dolomitenhöhenweg Nr. 4, Pieve di Cadore. Auf seiner Länge von fast 100 Kilometern berührt er acht Berggruppen. Für die Bewältigung der gesamten Weglänge werden etwa 10 Tage benötigt. Eine Reihe landschaftlicher Höhepunkte belohnt jedoch für die Mühe.

---

### Bergrad-Fahrverbot im Naturpark Sextner Dolomiten in den Gemeinden Toblach, Sexten und Innichen

Im **Naturpark Sextner Dolomiten in den Gemeinden Toblach, Sexten und Innichen** ist ab **14. Juli 1999** auf mehreren hochalpinen Steigen das **Befahren mit Bergfahrrädern untersagt.**

Die Einführung dieser Regelung wurde notwendig, da seit einigen Jahren immer häufiger Bergradfahrer auf den hochalpinen, ausgesetzten und schmalen Steigen des Naturparks anzutreffen waren. **Konfliktsituationen mit Wanderern** waren dabei unvermeidlich.

Zum Schutz von Wanderern und um **drohenden Erosionsschäden** im freien Gelände und auf den Steigen selbst entgegenzuwirken, hat die Landesregierung deshalb im Einvernehmen mit den betroffenen Gemeinden auf folgenden Steigen und Steigabschnitten ein **ganzjähriges Verbot** für das Befahren mit Bergrädern verhängt:

1. Dreizinnenhütte – Lange Alm – Forcella di Mezzo (Provinzgrenze) (105); Gemeinde Toblach
2. Dreizinnenhütte – Rienztal – Abzweigung Steig Nr. 10 zum Wildgrabenjoch (102); Gemeinde Toblach
3. Dreizinnenhütte – Altensteintal – Talschlusshütte Fischleintal (102-103); Gemeinde Sexten
4. Dreischusterhütte – Wildgrabenjoch (10-11-105); Gemeinde Innichen
5. Dreizinnenhütte – Dreischusterhütte (105); Gemeinde Innichen, Gemeinde Toblach
6. Dreizinnenhütte – Bollelejoch – Zsigmondyhütte (101) – Talschlusshütte (103); Gemeinde Sexten

Eventuelle Übertretungen werden mit einer Geldstrafe geahndet, die Aufsicht über die Einhaltung dieser Bestimmung obliegt dem Personal des Landesforstdienstes und der Landesabteilung Natur und Landschaft.

---

***Alpines Notsignal: Sechsmal** innerhalb einer Minute in regelmäßigen Zeitabständen ein sichtbares oder hörbares Zeichen geben und hierauf eine Pause von einer Minute eintreten lassen. Das gleiche wird wiederholt, bis Antwort erfolgt.*

***Antwort:** Innerhalb einer Minute wird **dreimal** in regelmäßigen Zeitabständen ein sichtbares oder hörbares Zeichen gegeben.*

## Alpengasthöfe und Unterkunftshütten

Alle Angaben ohne Gewähr! Bitte erfragen Sie vor Beginn der Wanderung im Talort die Bewirtschaftungszeit und erkundigen Sie sich, ob eine Übernachtungsmöglichkeit besteht.
Die Telefonnummern der wichtigsten Hütten finden Sie auf Seite 45.
Alle Gipfelbesteigungen sind mittel bzw. nur für geübte und erfahrene Berggeher!

AVS = Alpenverein Südtirol   CAI = Club Alpino Italiano

## Sextner Dolomiten

**Auronzo-Hütte** (Rif. Auronzo), 2320 m (G 3), CAI-Sektion Auronzo, PLZ: I-32041 Auronzo di Cadore. Im Sommer bewirtschaftet. Zugänge: mit Kfz erreichbar (Mautstraße); Fußweg von Misurina, 1.45 Std.; von Auronzo di Cadore, 3 Std.; von Landro, 3.30 Std. Übergänge: zur Lavaredohütte, 20 Min.; zur Drei-Zinnen-Hütte, 1.30 Std.; zur Büllelejochhütte, 1.45 Std.; zur Zsigmondyhütte über das Oberbachernjoch, 2.30 Std.; zur Fonda-Savio-Hütte über den Bonacossaweg, 2.30 Std.

**Bosi-Angelo-Hütte** (Rifugio Bosi Angelo al Monte Piana), 2205 m (F 3), privat, PLZ: I-32040 Misurina. Im Sommer und Winter bewirtschaftet. Zugänge: von Misurina, 1.30 Std.; von Schluderbach, 3 Std. Übergang: zur Auronzohütte, 2 Std. Gipfel: Monte Piana, 2324 m, 20 Min.

**Büllelejochhütte** (Rifugio Pian di Cengia), 2528 m (H 2-3), privat, PLZ: I-39030 Sexten. Im Sommer bewirtschaftet. Zugänge: vom Fischleinboden über die Zsigmondy-Comici-Hütte, 3.45 Std.; von der Auronzohütte (bis dorthin Straße), 1.45 Std. Übergänge: zur Zsigmondy-Comici-Hütte, 45 Min.; zur Drei-Zinnen-Hütte, 1 Std.; zur Lavaredohütte, 1.30 Std. Gipfel: Oberbachernspitze, 2675 m, 45 Min.; Monte Cengia, 2675 m, 30 Min.

**Carducci-Hütte** (Rifugio Carducci), 2297 m (H 3), CAI-Sektion Auronzo, PLZ: I-32041 Auronzo di Cadore. Im Sommer bewirtschaftet. Zugänge: von Auronzo, Ortschaft Giralba (Ansieital), 4.30 Std.; vom Fischleinboden über das Giralbajoch, 3.30 Std. Übergänge: zur Zsigmondy-Comici-Hütte, 1 Std.; zur Berti-Hütte über den Alpiniweg und die Sentinellascharte, 5.30 Std. (nur für Geübte); zur Berti-Hütte über die Klettersteige «Cengia Gabriella» und «Roghel», 6 Std. Gipfel: Monte Giralba di sopra, 2993 m, 2 Std.

**Città di Carpi-Hütte** (Rifugio Città di Carpi), 2110 m (G 5) CAI-Sektion Carpi, PLZ: I-32041 Auronzo di Cadore. Im Sommer und Winter bewirtschaftet. Zugänge: von Misurina, 1.30 Std.; vom Albergo Palus San Marco (Ansieital), 2.15 Std. Übergänge: zur Col de Varda-Hütte, 1 Std.; zur Fonda-Savio-Hütte über die Forcella di Torre, 2 Std.

**Col de Varda-Hütte** (Rifugio Col de Varda), 2115 m (F 5), privat, PLZ: I-32040 Misurina. Im Sommer und Winter bewirtschaftet. Zugänge: von Misurina mit dem Sessellift oder Fußweg, 1.15 Std. Übergänge: zur Città di Carpi-Hütte, 1 Std.; zur Fonda-Savio-Hütte, 2 Std.

**De-Toni-Biwak**, 2575 m (H 3), CAI-Sektion Padua, PLZ: I-32041 Auronzo di Cadore, unbewirtschaftet, ganzjährig zugänglich. Zugang: vom Valle Marzon, 4.30 Std. Übergang: zur Zsigmondy-Comici-Hütte, 3 Std.

**Dreischusterhütte** (Rifugio Tre Scarperi), 1626 m (G 1), AVS-Sektion Drei Zinnen, PLZ: I-39038 Innichen. Im Sommer bewirtschaftet. Zugang: von der Sextner Talstraße, 1.45 Std. Übergänge: ins Rienztal nach Landro, 4.30 Std.; zur Drei-Zinnen-Hütte über das Gwengalpenjoch, 3 Std. Gipfel: Birkenkofel, 2943 m, 2.45 Std.; Hochebenkofel, 2904 m, 3.45 Std.

**Drei-Zinnen-Hütte** (Rifugio Locatelli Antonio), 2405 m (G 2), CAI-Sektion Padua, PLZ: I-39030 Sexten. Im Sommer bewirtschaftet. Zugänge: vom Fischleinboden (Dolomitenhof), 3 Std.; von Höhlenstein (Landro), 3.30 Std. Übergänge: zur Lavaredohütte, 50 Min.; zur Auronzohütte über den Paternsattel, 1.30 Std.; zur Büllelejochhütte, 1.15 Std.; zur Zsigmondy-Comici-Hütte über das Büllelejoch, 1.45 Std.; zur Dreischusterhütte 2.30 Std. Gipfel: Toblinger Knoten, 2617 m, 1 Std.; Paternkofel, 2744 m, durch den Paterntunnel (Taschenlampe!) und die Gamsscharte, 1.30 Std. (nur für Geübte), oder über den De-Luca-Innerkofler-Klettersteig, 2 Std. (nur für Geübte); Schusterplatte, 2957 m, 2.15 Std.; Oberbachernspitze, 2675 m, 1.45 Std. (nur für Geübte).

**Fonda-Savio-Hütte** (Rifugio Fratelli Fonda-Savio), 2359 m (G 4), CAI-Sektion Triest, PLZ: I-32041 Auronzo di Cadore. Im Sommer bewirtschaftet. Zugang: von Misurina, 2 Std. Übergänge: zur Città di Carpi-Hütte über die Forcella di Torre, 2 Std.; zur Auronzohütte auf dem Bonacossaweg, 2.30 Std.; zur Col de Varda-Hütte, 2 Std. Gipfel: Cima Cadin di Nord-Est, 2622 m, über den Merlone-Klettersteig, 1.30 Std. (nur für Geübte).

**Lavaredo-Hütte** (Rifugio Lavaredo), 2344 m (G 3), privat, PLZ: I-32040 Misurina. Im Sommer bewirtschaftet. Zugang: von der Auronzohütte, 30 Min. Übergänge: zur Drei-Zinnen-Hütte über den Paternsattel, 1 Std.; zur Büllelejochhütte über das Oberbachernjoch, 1.15 Std.; zur Zsigmondyhütte, 2 Std. Gipfel: Paternkofel, 2744 m, über Passporten- und Gamsscharte (gesicherter Felssteig), 1.30 Std. (nur für Geübte).

**Mascabroni-Biwak**, 2900 m (H 2), privat, unbewirtschaftet, PLZ: I-39030 Sexten, ganzjährig geöffnet. Zugang: vom Fischleinboden, 4.30 Std. (nur für Geübte).

**Rotwandwiesenhütte** (Rifugio Prati di Croda Rossa), 1900 m (H 1), privat, PLZ: I-39030 Sexten. Im Sommer und Winter bewirtschaftet. Zugänge: mit Sessellift erreichbar; von Bad Moos, 1.30 Std.; vom Fischleinboden, 1.30 Std. Übergänge: zum Kreuzbergpass, 1.30 Std; zur Zsigmondy-Comici-Hütte, 3 Std. Gipfel: Burgstall, 2168 m, 45 Min.; Rotwandspitze, 2965 m, 3.15 Std.

**Talschlußhütte** (Rifugio Fondovalle), 1526 m (H 2), privat, PLZ: I-39030 Sexten. Im Sommer und Winter bewirtschaftet. Zugang: von Sexten-Moos Straße bis zum Dolomitenhof, ab dort 15 Min. Übergänge: zur Drei-Zinnen-Hütte, 2.15 Std.; zur Zsigmondy-Comici-Hütte, 2 Std.; zur Büllelejochhütte, 2.45 Std.; zur Carducci-Hütte über das Giralbajoch, 2.45 Std.

**Zsigmondy-Comici-Hütte** (Rifugio Zsigmondy-Comici), 2224 m (H 3), CAI-Sektion Padua, PLZ: I-39030 Sexten. Im Sommer bewirtschaftet. Zugänge: vom Fischleintal, 2.30 Std.; von Auronzo 5.30 Std. Übergänge: zur Büllelejochhütte, 1 Std.; zur Drei-Zinnen-Hütte; 2 Std.; zur Lavaredohütte über das Oberbachernjoch, 2 Std.; zur Carducci-Hütte, 1.15 Std.; zur Berti-Hütte über den Alpiniweg und den Sentinellapass, 5 Std. (nur für Geübte). Gipfel: Hochbrunner Schneid, 3045 m, 3.30 Std.; Oberbachernspitze, 2675 m, 1.30 Std.; Paternkofel, 2744 m, 3 Std. (nur für Geübte).

## Cristallo-, Sorapiss-, Marmarole- und Pomagagnongruppe

**Capanna degli Alpini**, 1386 m (G 9), privat, im Sommer bewirtschaftet. Zugang: von Calalzo di Cadore auf einer Fahrstraße durch das Valle d'Oten bis zur Hütte. Übergang: zum Rif. Galassi, 2 Std.

**Chiggiato, Rifugio**, 1950 m (H 9), CAI-Sektion Venedig. PLZ: I-32042 Calalzo di Cadore. Zugang: von Calalzo mit Kfz bis zum Ponte Vedessana, dann zu Fuß in 3 Std. Übergang: zum Rif. Galassi, 3.30 - 4 Std.

**Comici-Bivacco**, 2000 m (F 7), CAI-Sektion Triest, ganzjährig geöffnet. Zugang: vom Albergo Palùs San Marco, 3.30 Std. Übergänge: zum Rif. Vandelli auf dem Klettersteig «Alfonso Vandelli», 3.30 Std. (nur für Geübte); zum Bivacco Slataper auf dem Klettersteig «Carlo Minazio», 4 Std. (nur für Geübte); zum Rif. San Marco, 2.30 Std.

**Faloria, Rifugio**, 2123 m (F 6-7), privat, PLZ: I-32043 Cortina d'Ampezzo. Im Sommer und Winter bewirtschaftet. Zugang: die Hütte liegt an der Mittelstation der Seilbahn Cortina-Tondi di Faloria. Übergänge: zur Vandelli al Sorapiss-Hütte, 2.30 Std.; zur Fraina-Hütte, 1.45 Std. Gipfel: Punta Nera, 2847 m, 2 Std.

**Galassi, Rifugio**, 2018 m (F 9), CAI-Sektion Mestre, PLZ: I-32042 Calalzo di Cadore. Im Sommer bewirtschaftet. Zugänge: von der Capanna degli Alpini (bis dort mit Auto), 2 Std.; von S. Vito di Cadore, 3 Std. (auch mit Auto bis oberhalb der Baita della Zoppa, dann zu Fuß in 1.30 Std.). Übergang: zum Rif. San Marco, 1.15 Std.

**Lorenzi Guido, Rifugio**, 2932 m (E 4), privat. PLZ: I-32041 Auronzo di Cadore. Im Sommer und Winter bewirtschaftet Zugänge: von der Capanna Rio Gere nahe des Passo Tre Croci mit dem Gondellift in zwei Teilstrecken; vom Rif. Son Forca (bis dort mit Gondellift Rio Gere-Forcella Staunies), 2.30 Std. Übergang: zum Rif. Ospitale über den Klettersteig «Ivano Dibona», 5-6 Std. (nur für Geübte!).

**Mandres, Rifugio**, 1478 m (D 6), privat. Zugang: von Cortina mit der Faloria-Seilbahn.

**Mietres, Rifugio**, 1710 m (D 5-6), privat. Zugang: von Chiave (Cortina) mit Sessellift.

**Musatti Alberto, Bivacco**, 2111 m (G 7), CAI-Sektion Venedig, PLZ: I-32041 Auronzo di Cadore. Ganzjährig geöffnet. Zugang: von Palüs San Marco im Val d'Ansiei, 3.30 Std. Übergänge: zum Bivacco Tiziano, 3 Std.; zum Bivacco Voltolina, 5.30 - 6 Std. (nur für Geübte).

**San Marco, Rifugio**, 1823 m (F 9), CAI-Sektion Venedig, PLZ: I-32046 San Vito di Cadore. Im Sommer bewirtschaftet. Zugänge: von San Vito di Cadore, 2 Std.; auch von San Vito mit Auto bis zur Baita della Zoppa und dann zu Fuß in 1 Std.; von Chiapuzza über den Pra da Mason, 2.30 Std. Übergänge: zum Rif. Galassi, 1.15 Std.; zum Bivacco Voltolina, 3 Std.; zum Bivacco Slataper, 1.45 Std.; zum Bivacco Comici auf dem Klettersteig «Carlo Minazio», 3 Std. (nur für Geübte!).

**Scotter Palatini, Rifugio**, 1580 m (F 9), privat, PLZ: I-32046 S.Vito di Cadore. Im Sommer und Winter bewirtschaftet. Zugang: von San Vito bis zum Parkplatz des Skiliftes und von dort 1.15 Std. Übergang: zum Rif. San Marco, 30 Min.

**Slataper, Bivacco**, 2600 m (EF 8), CAI-Sektion Triest. Ganzjährig geöffnet. Zugang: von Rif. San Marco, 1.45 Std. Übergänge: zum Rif. Vandelli über den gesicherten Steig «Francesco Berti», 7 - 8 Std. (nur für Geübte!); zum Bivacco Comici auf dem Klettersteig «Carlo Minazio», 4 Std. (nur für Geübte!); zum Bivacco Voltolina, 3 Std.

**Son Forca, Rifugio**, 2215 m (E 5), privat, PLZ: I-32043 Cortina d'Ampezzo. Im Sommer und Winter bewirtschaftet. Zugänge: von Rio Gere nahe des Passo di Tre Croci mit Gondellift; aus dem Val Padeon mit Sessellift; vom Passo di Tre Croci zu Fuß, 1 Std. Übergang: zum Rif. Lorenzi, 2.30 Std.

**Sorapisshütte (Rif. Vandelli al Sorapiss)**, 1928 m (F 7), CAI-Sektion Venedig, PLZ: I-32043 Cortina d'Ampezzo. Im Sommer bewirtschaftet. Zugang: vom Passo di Tre Croci, 1.30 Std. Übergänge: zum Rif. Tondi di Faloria über die Forcella Malquoira und die Forcella del Cadin, 3 Std. (nur für Geübte!); zum Bivacco Slataper auf dem Klettersteig «Francesco Berti», 7 - 8 Std. (nur für Geübte!); zum Bivacco Comici auf dem Klettersteig «Alfonso Vandelli», 3 - 3.30 Std. (nur für Geübte!).

**Tondi di Faloria, Rifugio**, 2327 m (E 7), privat, PLZ: I-32043 Cortina d'Ampezzo. Im Sommer und Winter bewirtschaftet. Zugang: von Cortina mit der Seilbahn oder zu Fuß in 3 Std. Übergänge: zum Rif. Vandelli al Sorapiss (Sorapisshütte) über die Forcella del Cadin und die Forcella Malquoira, 3 Std. (nur für Geübte!); zum Passo di Tre Croci, 1.30 Std.

**Voltolina Leo, Bivacco**, 2082 m (F 8), CAI-Sektion Venedig. Ganzjährig geöffnet. Zugang: von Palüs San Marco (Val d'Ansiei), 3.30 Std. Übergänge: zum Bivacco A. Musatti, 5.30 - 6 Std. (nur für Geübte!); zum Rif. San Marco, 3 Std.; zum Bivacco Slataper, 3 Std.

## Tofanagruppe

**Col Druscié, Rifugio**, 1779 m (C 6), privat. Zugang: von Cortina mit dem 1. Teilstück der Tofana-Seilbahn «Freccia del Cielo» oder mit dem Sessellift in zwei Teilstrecken. Übergänge: zum Rif. Duca d'Aosta, 1.15 Std. (auch 10 Min. zu Fuß und dann mit Sessellift); zum Rif. Pomedes über das Rif. Duca d'Aosta, 1.45 Std.; zum Rif. Dibona auf dem Astaldiweg, 2.45 Std.

**Dibona Angelo, Rifugio**, 2083 m (C 7), privat. Im Sommer und Winter bewirtschafte. Zugang: von der Großen Dolomitenstraße (4 km). Übergänge: zum Rif. Giussani, 1.30 Std.; zum Rif. Pomedes auf dem Astaldiweg, 1 Std.; zum Rif. Duca d'Aosta über das Rif. Pomedes, 1.30 Std.; zum Rif. Col Druscié, 2.45 Std.; zum Rif. Lagazuoi, 3 Std.

**Duca d'Aosta, Rifugio**, 2098 m (C 6), privat. Im Sommer und Winter bewirtschaftet. Zugänge: von der Großen Dolomitenstraße (4 km); von Cortina mit Seilbahn und Sesselliften, dazwischen 10 Min. zu Fuß. Übergänge: zum Rif. Pomedes, 30 Min.; zum Rif. Dibona, 1.30 Std.; zum Rif. Giussani, 3 Std.; zum Gasthof Piè Tofana, 1.15 Std.

**Giussani Camillo, Rifugio**, 2580 m (C 6), CAI-Sektion Cortina d'Ampezzo, PLZ: I-32043 Cortina d'Ampezzo. Im Sommer bewirtschaftet. Zugänge: vom Rif. A. Dibona (bis dort mit Kfz), 1.30 Std.; vom Rif. Duca d'Aosta (bis dort mit Kfz) auf dem Astaldiweg, 2.30 Std. Übergänge: zum Rif. Ra Valles (2. Zwischenstation der Seilbahn Cortina-Tofana) über die «Cengia Paolina» (Tour um Tofana di Mezzo und Tofana di Dentro), 6 Std. (nur für Geübte!); Tour um die Tofana di Rozes auf dem Klettersteig «Giovanni Lipella», über die Forcella de Bos, 5 Std. (nur für Geübte).

*Dürrensee im Val Popena und Monte Cristallo /*
*Il Lago di Landro in Val Popena e il Monte Cristallo*

**Ghedina, Rifugio**, 1457 m (C 6), privat. Zugang: von Cortina auf einer Fahrstraße über Gilardon (5 km) oder über Fiames (5 km). Übergang: zum Rif. Col Druscié, 1 Std.

**Lagazuoi, Rifugio**, 2752 m (B 7), privat. Im Sommer und Winter bewirtschaftet. Zugang: vom Falzaregopass mit Seilbahn, oder zu Fuß über die Forcella Lagazuoi, 2 Std. Übergänge: zum Falzaregopass durch die Lagazuoi-Wehrgänge des ersten Weltkriegs, 2 Std.; zum Rif. Scotoni, 1.30 Std. Gipfel: Piccolo Lagazuoi, 2750 m, in wenigen Minuten. Großartiges Panorama von der Hütte und vom Gipfel.

**Pomedes, Rifugio**, 2303 m (C 6), privat. Im Sommer und Winter bewirtschaftet. Zugänge: von Cortina mit Seilbahn oder Sessellift zum Col Druscié und mit Sessellift zur Hütte (10 Min. zu Fuß); vom Rif. Duca d'Aosta (vis dort mit Auto) mit Sessellift oder zu Fuß in 30 Min. Übergänge: zum Rif. Dibona auf dem Astaldiweg, 1 Std.; zum Rif. Giussani über das Rif. Dibona, 2.30 Std.

**Ra Valles, Rifugio**, 2470 m (C 6), privat. Zugang: von Cortina mit der Tofana-Seilbahn «Freccia del cielo»; auch zu Fuß von Pié Tofana, 2.30 Std. Übergang: zum Rifugio Giussani auf der «Cengia Paolina», 6 Std. (nur für Geübte).

**Scotoni, Rifugio**, 1985 m (A 6), privat. Im Sommer bewirtschaftet. Zugang: von St. Kassian zur Alpinahütte (bis dort mit Auto) und dann zu Fuß in 1 Std. Übergänge: zum Rif. Lagazuoi, 1.30 Std.; zur Valparola-Hütte, 2 Std.; zur Großen Fanes-Alpe, 2 Std.

**Valparola, Rifugio**, 2168 m (A 7), privat. Im Sommer bewirtschaftet. Zugang: auf der Valparolastraße vom Falzaregopass oder von St. Kassian. Übergang: zum Rif. Lagazuoi, 3 Std. Gipfel: Sas de Stria (Hexenstein), 2477 m, 1 Std. (leicht); M. Castello, 2371 m, 30 Min. (leicht); Col di Lana, 2452 m, über den Siefsattel, 3.30 - 4 Std. (mittel).

## Kreuzkofelgruppe

**Alpinahütte (Capanna Alpina)**, 1726 m (A 5), privat. Im Sommer bewirtschaftet. Zugang: von St. Kassian, 1.15 Std. Übergänge: zur Faneshütte, 3.30 Std.; zum Rif. Scotoni, 1 Std.

**Faneshütte (Rifugio Fanes)**, 2060 m (B 3), privat. Im Sommer und Winter bewirtschaftet. Zugänge: von St. Vigil, 5 Std. (siehe KOMPASS-Karte 615 «Brixen/Bressanone - St. Vigil - Enneberg»); von der Pederühütte, 1.45 Std. Übergänge: zum Heiligkreuz-Hospiz, 4 Std.; zum Falzaregopass, 5.30 Std.

**Fodara-Vedla, Rifugio**, 1980 m (C 2), privat. Im Sommer und Winter bewirtschaftet. Zugänge: vom Rif. Pederù (bis dort mit Kfz.), 1.15 Std.; von Peutelstein über die Ra-Stua-Alpe, 2.30 Std. Übergänge: zur Senneshütte, 45 Min.: zur Seekofelhütte, 1.15 Std. Gipfel: Lavinôres, 2462 m, 1.30 Std. (mittel).

**Lavarella, Rifugio**, 2050 m (B 3), privat. Im Sommer und von März bis April geöffnet. Zugänge: von St. Kassian über Valparola, Tadegajoch und Limojoch, 3.30 Std.; von Stern über die Lavarella-Scharte, 4 Std. Übergang: zum Heiligkreuz-Hospiz über die Kreuzkofelscharte, 4 Std. Gipfel: Heiligkreuzofel, 2908 m, ca. 3 Std. (leicht); Zehnerspitze, 3026 m, 4 Std. (mittel).

**Munt de Sennes, Rifugio**, 2245 m (B 1), im Sommer bewirtschaftet. Zugang: von St. Vigil mit Kfz. bis zur Pederühütte und von dort 1.45 Std.

**Pederùhütte**, 1540 m (B 2), privat. Im Sommer und Winter bewirtschaftet. Zugang: mit Kfz erreichbar. Übergänge: zur Faneshütte und zum Rif. Lavarella auf dem Dolomiten-Höhenweg Nr. 1, 1.45 Std.; zur Senneshütte und zur Seekofelhütte auf dem Dolomiten-Höhenweg Nr. 1, 1.30 bzw. 2.30 Std.; zum Rif. Fodara-Vedla, 1.15 Std.

**Seekofelhütte (Rifugio Biella)**, 2327 m (C 1), CAI-Sektion Treviso, PLZ: I-32043 Cortina d'Ampezzo. Zugänge: vom Pragser Wildsee auf dem Dolomiten-Höhenweg Nr. 1, 2.30 Std.; vom Wirtshaus Brückele über die Roßhütte und das Kar «Ofen», 3.15 Std.; vom Wirtshaus Plätzwiese über die Roßhütte und das Kar «Ofen», 4 Std.; von der Pederühütte (bis dorthin mit Kfz) auf dem Dolomiten-Höhenweg Nr. 1, 2.30 Std. Übergänge: zur Senneshütte auf dem Dolomiten-Höhenweg Nr. 1, 1 Std.; zum Rif. Fodara-Vedla, 1.30 Std. Gipfel: Seekofel, 2810 m, 1 Std. (nur für Geübte).

**Senneshütte**, 2126 m (BC 2), privat. Im Sommer und von Februar bis April geöffnet. Zugänge: von der Pederühütte auf dem Dolomiten-Höhenweg Nr. 1 (bis dort mit Kfz), 1.30 Std.; von Peutelstein über die Ra-Stua-Alpe, 2.15 Std. Übergänge: zum Rif. Fodara-Vedla, 45 Min.; zur Seekofelhütte auf dem Dolomiten-Höhenweg Nr. 1, 1 Std.

## Averau, Nuvolau, Croda da Lago

**Averau, Rifugio**, 2413 m (B 8), privat. Im Sommer und Winter bewirtschaftet. Siehe Nuvolau Rif.

**Cinque Torri, Rifugio**, 2137 m (B 7/8), privat. Im Sommer und Winter bewirtschaftet. Zugang: von der Großen Dolomitenstraße mit Kfz (5 km) oder zu Fuß in 1.15 Std. Übergänge: zum Rif. Scoiattoli, 15 Min.; zum Rif. Nuvolau über die Forcella Nuvolau, 1.15 Std.; zum Passo Giau über die Forcella Nuvolau, 2 Std.; zum Passo Giau über die Forcella Nuvolau, das Rif. Nuvolau und die Gusela, 3 Std. (nur für Geübte); zum Rif. Croda da Lago, 2.30 Std. Gipfel: Averau, 2647 m, über die Forcella Nuvolau, und durch die Ostschlucht, 2 Std. (nur für Geübte).

**Croda da Lago (G. Palmieri), Rifugio**, 2042 m (C 8), CAI-Sektion Cortina d'Ampezzo. Im Sommer und von Februar bis April geöffnet. Zugang: von Campo (Cortina), 3 Std. Übergang: zum Rif. Cinque Torri auf dem Dolomiten-Höhenweg Nr. 1, 2.30 Std.

**Fedare, Rifugio**, 1952 m (B 8), privat, PLZ: I-32020 Colle Santa Lucia. Ganzjährig geöffnet. Zugang: auf der Passo-Giau-Straße von Colle Santa Lucia, Selva di Cadore oder Pocol direkt zur Hütte. Übergänge: zum Rif. Nuvolau, 1.30 Std.; zum Rif. Scoiattoli oder Cinque Torri, 1.15 Std. Gipfel: M. Pore, 2405 m, 3 Std. (leicht).

**Nuvolau, Rifugio**, 2575 m (B 8), CAI-Sektion Cortina d'Ampezzo. Im Sommer bewirtschaftet. Zugänge: vom Rif. Scoiattoli (dorthin von Bai de Dones an der Großen Dolomitenstraße mit dem Sessellift), 1 Std.; vom Rif. Cinque Torri (bis dort mit Kfz) über das Rif. Scoiattoli, 1.15 Std.; vom Passo Giau über die Forcella Nuvolau, 1.30 Std.; vom Passo Giau auf dem Klettersteig über die Gusela, 1.30 Std. (nur für Geübte). Gipfel: Averau, 2647 m, über die Forcella Nuvolau und durch die Ostschlucht, 1.30 Std. (nur für Geübte).

**Scoiattoli, Rifugio**, 2225 m (B 7/8), privat. Im Sommer und Winter bewirtschaftet. Zugang: von der Großen Dolomitenstraße (Bai de Dones) mit Sessellift, oder auf der Fahrstraße bis zum Rif. Cinque Torri und dann zu Fuß in 15 Min. Übergänge: siehe Rif. Cinque Torri, von dem die Scoiattoli-Hütte etwa 15 Min. entfernt liegt.

## Ortsbeschreibungen:

Die Telefon- und Faxnummern der Tourismusvereine bzw. Tourismusverbände finden Sie auf Seite 45.

*Der Vollständigkeit halber werden auch einige Orte beschrieben, die an Cortina d'Ampezzo grenzen.*

## Politische Übersichtsskizze 1:350 000

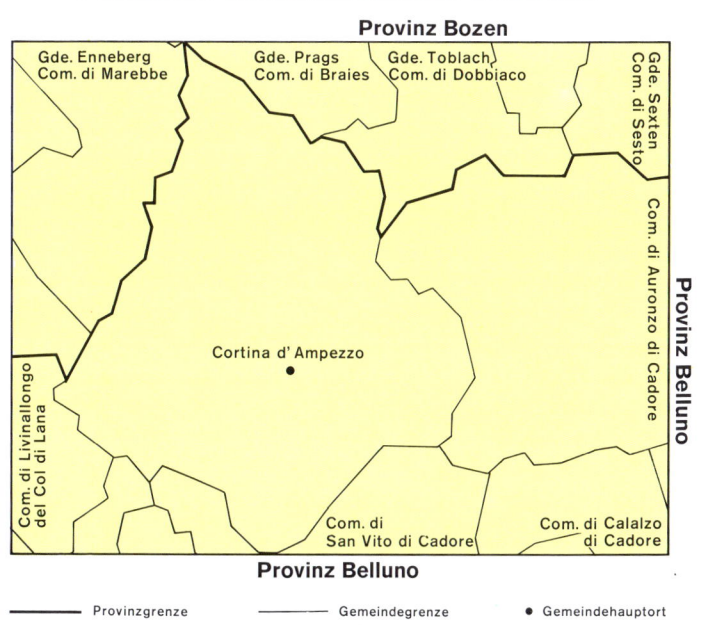

**Provinz Bozen**

| Gde. Enneberg / Com. di Marebbe | Gde. Prags / Com. di Braies | Gde. Toblach / Com. di Dobbiaco | Gde. Sexten / Com. di Sesto |

Com. di Livinallongo del Col di Lana

Cortina d'Ampezzo

Com. di Auronzo di Cadore

**Provinz Belluno**

Com. di San Vito di Cadore | Com. di Calalzo di Cadore

**Provinz Belluno**

——— Provinzgrenze   ——— Gemeindegrenze   • Gemeindehauptort

## AURONZO DI CADORE

Gemeinde, Provinz Belluno, Einwohner: 3800, Höhe: 864 m, Postleitzahl: I-32041. **Auskunft:** Azienda di Promozione Turistica «Dolomiti», Ufficio I.A.T. di Auronzo di Cadore. **Bahnstation:** Calalzo di Cadore (17 km). Busverbindung nach Pieve di Cadore und Cortina d'Ampezzo.

Unmittelbar am Fuß der Südabhänge des Monte Aiarnola liegt am Ufer des gleichnamigen Sees die Gemeinde Auronzo. Die nach Auronzo führende Staatsstraße 48 war bereits in römischer Zeit bekannt: Von Pieve di Cadore erstreckte sich die Via Claudia Augusta Altinate, die Kaiser Claudius anlegen ließ (41 - 45 n. Chr.), über einen kurzen Abstecher bis Auronzo. Der Ort wurde als «Auroncio» erstmals um 1188 urkundlich erwähnt. Um 1321 erhielt er eigene Statuten. Noch bis 1752 gab es mit der Pustertaler Gemeinde Toblach zahlreiche Konflikte wegen des Besitzes der Weideflächen von Misurina, das ein Ortsteil von Auronzo ist. Heute ist die Umgebung der Gemeinde ein beliebtes Erholungsgebiet im Sommer und Winter.

**Sehenswert im Ort und in der Umgebung**
Kirche «**Chiesa delle Grazie**» (Gnadenkirche) von 1745, mit Tizianellogemälden. – **Hl.-Katharina-Kirche** in Villapiccola, um 1554 im spätgotischen Stil erbaut, im Inneren Gemälde von Cima da Conegliano (16. Jahrhundert). - **Kirche Santa Giustina**, 1772 nach Plänen von D. Schiavi erbaut. Im Inneren ein Gemälde der Tizian-Schule, wie auch einige Bilder von G. De. Min. - Während der Instandsetzungsarbeiten der Piazza S. Giustina (Mai 2000) traten die **Reste der römischen Straße** zutage.

## CALALZO DI CADORE

Gemeinde, Provinz Belluno, Einwohner: 2.416, Höhe: 806 m, Postleitzahl: I-32042. **Auskunft:** Azienda di Promozione Turistica «Dolomiti», Ufficio I.A.T. di Calalzo di Cadore. **Bahnstation:** Calalzo di Cadore.

Der günstig gelegene Ort Calalzo, der sich auf einer Moränenterrasse in der Nähe des Sees von Pieve di Cadore erhebt, ist aller Wahrscheinlichkeit nach die älteste Siedlung der Cadore-Gegend. In Lagole bestand bereits vor ca. 2500 Jahren ein Heiligtum, das einer Göttin geweiht war, der

*Cortina d'Ampezzo mit M. Cristallo / Cortina d'Ampezzo e il M. Cristallo*

Wunderheilungen zugeschrieben wurden. In diesem Raum traten zahlreiche archäologische Zeugnisse zutage, vor allem Bronzestatuetten und eine große Zahl von Inschriften, die im Museum der Magnifica Comunità in Pieve di Cadore zu sehen sind. In diesem zu jeder Jahreszeit beliebten Sommerurlaubs- und Kurort gründeten 1878 Giovanni Lozza und die Brüder Angelo und Leone Frescura die erste Brillenfabrik: Die Gegend ist heute in aller Welt wegen ihrer Brillenproduktion bekannt.

### Sehenswert im Ort und in der Umgebung
**Pfarrkirche S. Biagio** (interessantes Chorgestühl). - **Kirche S. Anna** im Ortsteil Rizzios, wo wertvolle Gemälde aus dem 17. Jh. und verschiedene Reliquien des 18. Jh. verwahrt werden. - In der Ortschaft Lagole beeindruckende eisenhaltige **Wasserquellen**, die wegen ihrer heilenden Eigenschaften berühmt sind.

## CORTINA D'AMPEZZO                                                    D 6

Gde., Prov. Belluno, Einwohner: 7.109, Höhe: 1225 m, Postleitzahl: I-32043. **Auskunft**: Tourismusverein/Azienda Promozione Turistica «Dolomiti», Cortina d'Ampezzo. **Bahnstationen**: Calalzo (33,5 km) und Toblach (32 km). **Busverbindungen** mit Calalzo, Toblach, Bruneck, Brixen, Bozen, Pieve di Cadore, Belluno, Venedig; in der Hochsaison außerdem mit Meran, Bologna, Ferrara, Mantua, Mailand, Modena, St. Ulrich, Padua, Misurina, Jesolo, Lignano, Riva, Trient, Verona, Udine, Falzaregopass und zum Pordoijoch. **Bergbahnen**: Zahlreiche Gondelbahnen, Sessel- und Schlepplifte.

In einer unvergleichlichen Lage inmitten der namhaftesten Dolomitengruppen, Tofane, Cristallo, Sorapiss, Antelao und Nuvolau, verfügt Cortina d'Ampezzo neben einem gesunden, heilkräftigen Hochgebirgsklima auch über erstklassige touristische und sportliche Einrichtungen, die es zu einem der berühmtesten Fremdenverkehrszentren der Alpen und zum best ausgestatteten Wintersportort Italiens machen. Neben den unzähligen Möglichkeiten für Wanderungen, Klettertouren, Ausflügen, Seilbahnfahrten bis zu den schönsten Aussichtspunkten und neben Wintersportmöglichkeiten jeder Art bietet Cortina auch mondänes gesellschaftliches Leben, so dass auch der weniger sportbegeisterte Gast, der nur auf der Suche nach Entspannung und Abwechslung ist, auf seine Rechnung kommt. Cortina wurde zu einem Treffpunkt internationalen Lebens:Neben vielen anderen gesellschaftlichen Veranstaltungen findet hier auch die Verleihung des Literaturpreises «Cortina-Ulisse» statt. Hier wurden 1956 die 7. Olympischen Winterspiele ausgetragen.

Durch den Bau der «Strada d'Alemagna» im Jahr 1830 wurde die Verbindung zwischen dem Pustertal und Innsnbruck aber auch Venedig hergestellt und Cortina wurde somit an die bedeutendsten internationalen Verkehrswege angeschlossen. Die ersten Anzeichen des modernen Fremdenverkehrs machten sich um die Mitte des 19. Jahrhunderts bemerkbar, als Paul Grohmann und andere Pioniere des Alpinismus die Aufmerksamkeit der Bergsteiger auf diesen Ort und die Schönheit seiner Dolomitenlandschaft lenkten. Um das Jahr 1875 entstanden die ersten Hotels, von denen heute noch das Hotel «L'Aquila» besteht. Die Bergsteigerschule in Cortina bietet ein vielfältiges Programm an - Informationen im Bergführerbüro.

**Sehenswert im Ort und in der Umgebung**
Die **Pfarrkirche** aus dem 13. Jh. wurde mehrmals umgebaut. Im Inneren holzgeschnitzter Tabernakel des Barockbildhauers Andrea Brustolon. Vom 72 m hohen, zwischen 1853 und 1858 errichteten Kirchturm genießt man einen herrlichen Rundblick auf die Berge, die sich rings um den Talkessel von Cortina erheben. - In der **Kunstschule** (Museum und Galerie Moderner Kunst) befindet sich die **Collezione Rimoldi**, eine umfangreiche Sammlung modernen italienischen Kunstschaffens aus diesem Jahrhundert. - Die **Kirche Madonna della Difesa** aus dem 15. Jh. wurde im 18. Jh. umgebaut; Inneres im Rokokostil. - Die alte **Casa Ghedina** am Nordeingang der Ortschaft, mit freskenverzierten Außenwänden. - Das **Denkmal für Déodat de Dolomieu** (1750 - 1801), der als erster die Eigenschaften des später nach ihm benannten Dolomitgesteins beschrieb. - Das **Denkmal für General Antonio Cantore**, der im Ersten Weltkrieg an der Tofana ums Leben kam. - **Das Olympia-Eisstadion** ist ein hervorragendes Beispiel moderner Architektur im Sportbereich. Es hat eine 4320 m$^2$ große Eislauffläche. - Die **Sprungschanze** Italia beim Weiler **Zuel**. - Das **Ossarium** in **Pocol** birgt die sterblichen Reste von 7725 im Ersten Weltkrieg gefallenen Soldaten und in einer Krypta den Leichnam des Generals Cantore.

**Spazierwege und Bergtouren**
Nach Zuel über den Weiler Campo di Sotto mit der malerischen Schlucht des Costeana-Bachs, 1 Std. - Zu den «Grotte di Volpera», vom Monte Crepa herabgestürzte Felsen mit interessanten Aushöhlungen, über Mortisa, 30 Min. - Zum herrlich gelegenen Lago Ghedina über Cadin, 1 Std. - Zum Rifugio Col Druscié, 1779 m, auf einem bequemen Weg zum Teil durch Wald, 1.30 Std. (auch mit Seilbahn). - Zum Rifugio Mandres, 1478 m, ca. 1 Std. (auch mit Seilbahn). - Zum Rifugio Croda da Lago, 2042 m, auf einer 9 km langen, schmalen Fahrstraße, 2.45 Std. - Zum Rifugio Faloria, 2123 m (auch mit Seilbahn) und zum Rifugio Tondi di Faloria, 2327 m, 2.30-3 Std. - Zum Rifugio

*Le cime di Fanes da Sud / Die Fanes-Spitzen von Süden*

Vandelli, 1928 m, vom Passo di Tre Croci, 1.30 Std. - Zum Rifugio Giussani, 2580 m, auf der Forcella di Fontananegra, vom Rifugio Dibona (bis dort mit Auto), 1.30 Std. Da es von Cortina aus unzählige Möglichkeiten zu Bergtouren gibt und da die meisten Berghütten entweder mit Autos auf Fahrstraßen oder mit Bergbahnen zugänglich sind, beginnen die meisten Gebirgswanderungen um Cortina erst bei den Hütten (siehe Unterkunftshütten). Außerordentlich lohnend und erlebnisreich ist eine Auffahrt mit der Seilbahn vom Falzàregopass zum Rifugio Lagazuoi, 2752 m, von dem man einen großartigen Rundblick genießt. Interessant ist auch die etwa 40 km lange Autofahrt rund um den Cristallo, die von Cortina über Podestagno/Peutelstein nach Schluderbach und zum Misurinasee (Abstecher zur Auronzohütte an den Drei Zinnen) und über den Passo di Tre Croci nach Cortina zurückführt.

## ENNEBERG / MAREBBE

Gde., Prov. Bozen, Einwohner: 2.574, Höhe: 942-3064 m, Postleitzahl: I-39030. **Auskunft:** Tourismusverein St. Vigil – Enneberg. **Bahnstation:** Bruneck (18 km). Linienbusverkehr mit Bruneck und Abtei. **Bergbahnen:** Umlaufbahnen und Sessellifte.

Die Gemeinde Enneberg mit dem Hauptort St. Vigil ist von einem Kranz der schönsten Dolomitfelsen umgeben. In überwältigender Schönheit beherrschen der Piz da Peres, der Paracia und der Paresberg sowie der Monte Sela di Senes den Zugang zum Rautal und damit in das Sagenland der Dolomiten von Fanes. Die weitausgelagerten Hänge des Furkelpasses und der Südhang des Skiparadieses Kronplatz schützen vor kühlen Nordwinden. Bewaldete Höhenkuppen, der Piz de Plaies und die Cornspitze mit ihren ausladenden Hängen ziehen einen grünen Gürtel um das in die Talmitte gebettete Großdorf. St. Vigil hat ladinische Bevölkerung. Es beherbergt zahlreiche moderne Gastbetriebe. St. Vigil war Gerichtsort (an der alten Linde). Gerichtsherrinnen waren die Sonnenburger Nonnen von St. Lorenzen. St. Vigil ist Geburtsort der Katharina Lanz, als «Mädchen von Spinges» bekannt, die sich bei der Verteidigung des Kirchhofs von Spinges (1797) hervortat. Der Ort hat als Sommer- und Wintersportort durch die Liftverbindungen mit dem Kronplatz einen guten Namen und ist ein beliebter Langlaufort.

### Sehenswert im Ort und in der Umgebung

Die **Pfarrkirche zum hl. Vigilius**, barock, 18. Jh., der ursprüngliche Bau wurde bereits 1293 erwähnt (Deckengemälde des Augsburger Meisters Matthias Günther). - Der **Ansitz Asch**, 1958 abgebrannt, war Stammsitz der Herren von Prack. - Die **Wallfahrtskirche von Enneberg** (Gnadenfigur der Madonna und Votivtafeln). - **Schloss Râs**. - Der **Kreidesee** im Rautal (40 Quellen). - Die **Alpenflora** des **Plan Pecëi**. - Die **Tàmerscwiesen** (Kampfstätte von 1487). - **Berggasthof Pederü**, Schutzhaus (österreichisches Versorgungslager im Ersten Weltkrieg). - Die **Fanesalm** mit dem Grün- und Limosee. - Die **Fodara Vedla** und die **Senesalmen**, eingebettet im **Naturpark Fanes - Sennes - Prags**, Ausgangspunkt für viele Wanderungen und alpine Hochtouren.

### Spazierwege und Bergtouren

Ins Rautal: über Ciamaur zum Kreidesee, 1 Std., von dort über Tamersc zum Rif. Pederü, 2 Std., weiter zur Faneshütte, 2060 m, 1.30 Std.

## MISURINA F 4-5

Fraktion der Gemeinde Auronzo, Provinz Belluno, Einwohner: 3.800 (Gemeinde Auronzo insgesamt), Höhe: 1756 m, Postleitzahl: I-32040. **Auskunft:** Azienda Autonoma di Soggiorno di Misurina. **Bahnstationen:** Toblach (20 km) und Calalzo di Cadore (44 km). Busverbindung nach Toblach, Calalzo, Cortina d'Ampezzo. **Bergbahnen:** Sessel- und Schlepplifte.

Der zwischen der Cristallo- und der Cadinigruppe gelegene Misurinasee gehört zweifellos zu den bekanntesten und malerischesten Dolomitenseen; besonders reizvoll ist sein Anblick von Norden her, wenn sich die Gipfel des Sorapiss in seinem klaren Wasser spiegeln. An seinem von der «Strada d'Alemagna» gestreiften Westufer dehnt sich mit Hotels und touristischen Einrichtungen der gleichnamige, berühmte Luftkurort aus, der im Sommer und Winter gut besucht ist. Misurina ist Ausgangspunkt vieler Wanderungen und Touren in die Cadinigruppe; hier beginnt die Panorama-Mautstraße, die in 7 km zur Auronzohütte am Fuß der Drei Zinnen führt (nur im Sommer befahrbar).

### Sehenswert im Ort und in der Umgebung
Die **Drei Zinnen**. – Die ehemalige österreichische **Befestigungsanlage auf dem Passo Tre Croci**.

### Spazierwege und Bergtouren
Wanderung rund um den See, am Ostufer durch Wald, etwa 45 Min. – Zum Rifugio Col de Varda, 2115 m, einem schönen Aussichtspunkt am Westrand der Cadini-Gruppe, 1 Std. (auch mit Sessellift direkt vom See). – Zum winzigen Lago d'Antorno, nahe der Straße zur Auronzohütte, 30 Min.
Auf den Monte Piana, 2324 m; von Misurina auf einer 6 km langen Fahrstraße zum Rifugio Angelo Bosi al Monte Piana, 2205 m, und von dort in etwa 30 Min. auf den Gipfel, der während des Ersten Weltkrieges zwischen Italien und Österreich hart umkämpft war. Besonders umfassender Rundblick auf alle umliegenden Dolomitengruppen. Man kann diese Wanderung mit einem Abstieg zum Dürrensee (Lago di Landro), 2.30 Std., verbinden. – Zum Rifugio Fratelli Fonda Savio, 2359 m, 2 Std. – Zum Rifugio Città di Carpi, 2110 m, vom Col de Varda (bis dort mit Sessellift), 1.30 Std. – Zur Drei-Zinnen-Hütte, 2405 m; von Misurina mit dem Auto bis zur Auronzohütte (Maut); von dort zu Fuß, vorbei an einer Kapelle und am Gefallenendenkmal, über den Paternsattel zur Drei-Zinnen-Hütte; 1.30 Std. von der Auronzohütte. Auch in diesem Gebiet um die weltberühmten Drei Zinnen kann man noch die Reste von Militärstellungen und Wehrgängen des Ersten Weltkriegs finden. – Weitere Bergtouren siehe unter den erwähnten Hütten.
Rundwanderung: Rund um die Drei Zinnen von der Auronzohütte über die Lavaredohütte, den Paternsattel, die Lange Alpe und die Forcella Col di Mezzo, 3 Std.

## SAN VITO DI CADORE

Gde., Prov. Belluno, Einwohner: 1.645, Höhe: 1010 m, Postleitzahl: I-32046. **Auskunft:** Tourismusverein/Azienda Promozione Turistica «Dolomiti», Ufficio I.A.T. di San Vito di Cadore. **Bahnstation:** Calalzo (22 km). **Busverbindungen** mit Calalzo, Cortina d'Ampezzo und Toblach. **Bergbahnen:** Sessel- und Schlepplifte.

San Vito di Cadore, das sich mit den Weilern Chiapuzza und Serdes in einem reizvollen Talkessel am linken Ufer des Bòite ausdehnt, ist nach Cortina d'Ampezzo der bedeutendste Fremdenverkehrsort des Tals. Seine großartige Lage zwischen Pelmo und Becco di Mezzodì im Westen und Sorapiss und Antelao im Osten macht es zu einem vielbesuchten Sommerluftkur- und Wintersportort, der über zahlreichemoderne Beherbergungsbetriebe und sportlich-touristische Einrichtungen verfügt. Besonders viele und abwechslungsreiche Hochgebirgswanderungen bieten sich im Gebiet von Antelao und Sorapiss, wo es mehrere Berghütten und Biwakschachteln gibt.

Das Gemeindegebiet von San Vito ist ziemlich ausgedehnt und am Passo Giau gibt es eine Grenzmarkierung besonderer Art. Da es hier in vergangenen Jahrhunderten ständig zu Streitigkeiten um Weide- und Waldbesitz zwischen San Vito und Ampezzo kam, errichteten die Bewohner von San Vito im Jahr 1753 die «Muraglia di Giau», eine Steinmauer, die die Grenze zwischen den beiden Gemeinden und zugleich auch zwischen dem habsburgischen Kaiserreich und dem venezianischen Herrschaftsbereich anzeigte und die, nicht weit unterhalb der Passhöhe, noch heute mit Grenzsteinen, Kreuzen und in den Felsen gehauenen Wappen von Österreich und Venedig erkenntlich ist. Zu Grenzstreitigkeiten war es im 17. und 18. Jh. auch um den Besitz und den Abbau der Bleiminen am Col Piombin (ital. «piombo» = Blei) gekommen, die sich aber als wenig ertragreich erwiesen. Der Rest einer der «Muraglia di Giau» ähnlichen, um 1780 entstandenen Grenzmauer, ist noch heute an der Forcélla d'Ambrizzola erhalten.

### Sehenswert im Ort und in der Umgebung

In der **Pfarrkirche** Altarbild von Francesco Vecellio, dem älteren Bruder des großen Tizian. - Die kleine **Kirche der Madonna della Difesa**, gleich neben der Pfarrkirche, wurde in den Jahren 1512 - 1516 auf Grund eines Gelübdes errichtet; die Apsis ist mit einfachen Fresken ausgeschmückt.

### Spazierwege und Begtouren

Zum kleinen See von San Vito, 978 m, der etwas tiefer als der Ort selbst am Bòite liegt. Badegelegenheit und Bootsverleih, im Winter Eislaufbahn, 10 Min. - Zum Rifugio San Marco, 1823 m, am Südrand des Sorapiss, über Belvedere und das Rifugio Scotter Palatini, 2 Std. (mittel). - Zum Rifugio Galassi, 2018 m, im Norden vom Antelao, von San Vito über das Rifugio Scotter Palatini und die Forcella Piccola, 3 Std. (mittel).

## TOBLACH/DOBBIACO

Marktgemeinde, Provinz Bozen, Einwohner: 3.300, Höhe: 1250 m, Postleitzahl: I-39034. **Auskunft:** Tourismusverein Toblach. **Bahnstation:** Toblach. Busverbindung nach Bozen, Bruneck, Cortina d'Ampezzo, Meran, Venedig, Triest, München, Lienz, Wien. **Bergbahnen:** Skilifte Rienz. Langlaufzentrum und Stadium.

Wo die alte «Strada d'Alemagna», die Handelsroute Venedig – Augsburg, durch das Höhlensteintal in das Pustertal eintritt, liegt der stattliche Markt Toblach auf der Höhe des Toblacher Feldes, das die Wasserscheide zwischen Rienz und Drau, Adriatischem und Schwarzem Meer bildet.

Der Ort teilt sich in Neu-Toblach, eine um die Jahrhundertwende entstandene Hotelsiedlung, die sehr schnell ein beliebter Sommerfrischeort Südtirols wurde, und Alt-Toblach auf dem Schuttkegel des Silvesterbaches am Nordrand des Toblacher Feldes mit seiner Barockkirche und der Herbstenburg.

Auf dem Viktoribichl bei Toblach soll der Bajuwarenherzog Garibald II. im Jahre 610 die von Kärnten heraufdrängenden Slawen besiegt haben. Toblach wird 827 zum ersten Mal erwähnt. Seit dem 13. Jh. gab der Verkehr dem Ort wirtschaftliche Bedeutung. Kaiser Maximilian wohnte 1500 in der Herbstenburg, um die Bäder in Bad Maistatt zu besuchen, aber auch um seine Landsknechtshaufen gegen die Venezianer zu sammeln. Im Ersten Weltkrieg wurden Alt- und Neu-Toblach erheblich beschädigt. Von Toblach geht in südliche Richtung das Höhlensteintal, das reich an Wiesen und Wäldern bis ins Herz der Dolomiten vorstößt. In diesem Tal liegen der Toblacher- und der Dürrensee.

### Sehenswert im Ort und in der Umgebung

**Pfarrkiche zum hl. Johannes dem Täufer**, ein prachtvoller Tiroler Spätbarockbau aus den Jahren 1764 bis 1774. Der Turm kam erst 1804 dazu. Deckengemälde von Franz Zeiller und Plastiken von Perger. Beachtenswert ist ferner der Renaissancetaufstein von 1600 sowie das steinerne Grabrelief des Kaspar Herbst und der Gräfin Frangipani von 1530. – **Kalvarienbergkapellen**, 16. Jh. – **Kapelle in der Gratsch**, 2. Hälfte des 18. Jh. – **Roter Turm**, 15. Jh. – **Herbstenburg**, 1500 erbaut. – **Wallfahrtskirche zur Schmerzhaften Mutter Gottes** in Aufkirchen, geweiht 1475, erweitert 1750, Wandgemälde von Simon von Taisten, 1515. – **Dürrensee** mit Blick auf den Monte Cristallo. – Die **Drei Zinnen**, der Monte Cristallo und der Monte Piana (**Freilichtmuseum des Ersten Weltkriegs mit Stellungen und Bunkern**).

### Sparzierwege und Bergtouren

Von Höhlenstein ins Rienztal auf die Drei Zinnen Hütte am Füße der Drei Zinnen, 3 Std. (mittel). Von Höhlenstein über den Dolomiten-Höhenweg nach Plätzwiese, 2.30 Std. (mittel). Zahlreiche interessante Touren über Pfade und Stellungen des Ersten Weltkriegs auf dem Monte Piana (Pioniersteig), Schwalbenkofel, Rautkofel, Strudelköpf, Rauchkofel, Cristallino, Cristallo.

## GUIDA KOMPASS

La carta turistica KOMPASS 1:25.000, foglio n. 617 «Cortina d'Ampezzo» rappresenta grandiosi gruppi montuosi. A nord si estende il Gruppo di S. Croce (Kreuzkofelgruppe) con le cime Sasso del Becco, 2750 m, P.ta Quaira di Sennes, 2659 m, M. Sella di Fanes, 2655 m, Le Cunturines con 3002 m, il Parco Naturale Fanes-Sennes-Braies ad ovest della Valle di Landro e ad est si ergono maestose le Dolomiti di Sesto con le Tre Cime di Lavaredo ed il Parco Naturale delle Dolomiti di Sesto. Tra le più belle vette delle Dolomiti di Sesto citiamo la Cima Tre Scarperi, 3152 m, la Cima d. Piano di Mezzo, 2743 m, il M. Paterno, 2744 m, il Teston di Rudo, 2607 m e la Cima Dodici, 3094 m. A sud di queste catene montuose, ad ovest della Valle d'Ampezzo, s'innalzano i gruppi del Lagazuoi, delle Tofane e Fanes. Dal Passo Falzarego, 2105 m, una funivia conduce al Monte Lagazuoi, forse uno dei più bei punti panoramici delle Dolomiti. Ad est della Valle d'Ampezzo, al cui centro si trova Cortina d'Ampezzo, si ergono i gruppi di Pomagagnon, del Cristallo e dei Cadini. A sud, tra i torrenti Fiorentina e Bòite, vediamo il Nuvolau, l'Averau e la Croda da Lago, ad est della Valle del Bòite, il Gruppo del Sorapiss con la P.ta Sorapiss, 3205 m, ed il Gruppo delle Marmarole. I gruppi sopracitati sono dotati di buoni rifugi (vedi elenco). L'intera zona dispone inoltre di una fitta rete di impianti di risalita che schiudono numerose zone all'escursionismo ed allo sport invernale. A centro della cartografia giace il Comune di Cortina d'Ampezzo attorniato da uno stupendo scenario montuoso.

Due famose strade, che si incontrano a Cortina d'Ampezzo, portano attraverso le valli e sui passi della zona rappresentata dalla carta. Attraverso la Valle di Fassa sale la «grande strada delle Dolomiti», che parte da Bolzano e che nel 1909 venne costruita solo come comunicazione turistica; la strada prosegue oltre il Passo del Pordoi, attraversa Livinallongo, supera il Passo Falzarego e finisce a Cortina. Nella Val Pusteria invece inizia la vecchissima via commerciale detta «strada d'Alemagna» che, attraversando la Valle di Landro e Carbonin, raggiunge Cortina e da qui porta verso sud, passando per la valle in cui scorre il Bòite. Cortina d'Ampezzo dispone senza dubbio dei migliori e più completi impianti per gli sport invernali. Là si disputarono, nel 1956, i giochi invernali della VII Olimpiade. Ancor oggi è molto attivo il tradizionale artigianato artistico, con i suoi lavori intagliati nel legno, gli intarsi, gli oggetti in ferro battuto ed in rame. Nei giorni di festa in molte località si possono ancora ammirare gli antichi e sgargianti costumi ed ascoltare alcune bande musicali, che si esibiscono in occasione di particolari solennità. Questa zona centrale delle Dolomiti è anche la culla tradizionale di famosi scalatori, guide alpine, sciatori e giocatori di hockey su ghiaccio.

### Storia degli insediamenti

Le Dolomiti si trovarono nell'immediato circondario delle culture di Hallstatt e La Tène e si è quindi del parere che questa zona fosse abitata già a quei tempi. Senza dubbio questa impressione è resa ancora più credibile dalle molte leggende ladine in particolare nel territorio dell'Alpe di Fanes.

È testimoniato però un insediamento celtico prima dell'arrivo dei Romani nella zona alpina nel II sec. a.C.; è probabile che prima fossero arrivati nelle valli alpine meridionali i Liguri e gli Etruschi. I Romani alla loro invasione chiamarono il popolo che vi trovarono «Reti». A causa delle vallate diramate vastamente non avvenne mai una completa romanizzazione di questo territorio; gli abitanti scacciati dalle fertili valli principali si ritirarono nelle solitarie alte valli alpine e lì iniziarono il dissodamento e la bonifica. Solo nel 15 a.C. l'intero territorio fu sottomesso dai Romani con Druso alla guida ed il loro dominio rimase per ben cinque secoli. La conseguenza fu la fusione dei beni culturali linguistici; in larghe porzioni del territorio alpino ora dimorava un popolo «Ladino». La colonizzazione delle valli più remote sicuramente ebbe inizio solo con la migrazione dei popoli, allorché Longobardi, Ostrogoti, Franchi, Slavi e Bavari invasero le valli, distruggendo e in parte addirittura insediandosi. Fu così che questo lembo di terra fece parte prima del regno degli Ostrogoti e più tardi dei Longobardi. Nel 774 il regno dei Longobardi fu distrutto da Carlo Magno ed il territorio dolomitico venne inserito nel regno dei Franchi. Dopo il suo declino gran parte venne annesso al Ducato della Baviera mentre la parte meridionale fu aggregata al Regno d'Italia. Ai tempi degli Ottoni e dei Salii nel X sec. il paese era in possesso del margraviato di Verona. Divenne sempre più potente l'influsso dei principi ecclesiastici e così ben presto il patriarcato prese possesso di Aquileia.

Nel 1487 scoppiò la guerra tra la contea di Tirolo e Venezia e di conseguenza si definì una linea di confine che dovette resistere per altri secoli: la zona del Cadore rimase definitivamente sotto Venezia e l'Ampezzano fu annesso alla contea di Tirolo. Solo durante le guerre napoleoniche questo ordine fu brevemente interrotto. Dopo il Congresso di Vienna il potere assoluto veneziano fu sostituito da un regno lombardo-veneto.

Dopo l'unificazione dell'Italia, il confine tra il Regno d'Italia e l'impero austro-

*Passo Falzarego e il Piccolo Lagazuoi / Falzaregopass mit Kl. Lagazuoi*

ungarico scorreva attraverso questo territorio. Fu così, infatti, che in seguito alla dichiarazione di guerra del primo conflitto mondiale, da parte dell'Italia all'impero austro-ungarico, le Dolomiti divennero teatro di guerra, delineando una feroce guerra di posizione senza grandi guadagni di terreno. Durante molte escursioni descritte in questa guida l'escursionista incontrerà tracce ben visibili di questa guerra alpina; sul M. Piana addirittura è stato creato un museo all'aperto. Dopo il crollo dell'impero austro-ungarico l'intero territorio venne annesso all'Italia nel 1919.

Quasi incontaminata da questi tumulti secolari una popolazione ladina riuscì a mantenersi nelle valli dolomitiche e si sviluppò ulteriormente nell'epoca più recente.

## Le Dolomiti

Le Dolomiti sono le perle delle Alpi. Vengono addirittura chiamate le Regine delle Alpi per le loro forme bizzarre e frastagliate. Lo stesso nome, Dolomiti, simboleggia l'armonia che colpisce chi le osserva, nonostante la varietà delle loro forme. Devono il loro nome al geologo francese Déodat Gratet de Dolomieu, che nella seconda metà del XVIII sec. scoprì la composizione chimica della dolomite, costituita da carbonato di calcio e di magnesio. Il regno delle Dolomiti si estende grosso modo dalla riva est dell'Isarco e dell'Adige superiore fino al Monte Croce per proseguire poi ad ovest nella Valle del Piave fino in Valsugana. Le loro forme variegate non danno luogo a catene rocciose, bensì a gruppi montuosi. Ciò ha permesso di aprirle al traffico stradale soprattutto negli ultimi decenni. Agli escursionisti offrono passaggi ideali, mentre la colorazione della roccia rivela agli alpinisti le possibilità ma anche i pericoli di un'ascesa sulle pareti o sulle torri. Ed è proprio questa colorazione che dà alle Dolomiti una nota caratteristica. Il continuo alternarsi di calcare, dolomite, tufi scuri, marne chiare, arenarie di color rosso mattone e lave scure crea un'atmosfera di tonalità armoniche, che costituisce il fascino di queste montagne. Non meraviglia dunque che numerose leggende fiorirono nelle gole e negli abissi, sui camini e sulle pareti che si stagliano lisce contro il cielo, circondando di un alone di mistero i «monti pallidi», così chiamati per la colorazione che assumono dopo il calar del sole. Anche dal punto di vista geologico la struttura delle Dolomiti si presenta oltremodo interessante. Esse sono costituite prevalentemente da massicci bastioni rocciosi che elevano le loro bizzarre forme su antiche scogliere coralline e calcaree, formatesi nelle acque periferiche del cosiddetto mare Mediterraneo mesozoico. Anche resti di roccia residua si depositarono sul fondo marino. La lava fuoriuscita da vulcani sottomarini si solidificò in porfido di augite. I tufi formatisi durante il periodo triassico si unirono a questi flussi di lava fino a quando, anche durante il triassico, l'imponente zoccolo costituito dagli strati nel frattempo solidificati venne elevato al di sopra del livello marino da forze gigantesche. Gli strati rocciosi delle scogliere massicce, sedimentati in profondità, vennero così esposti all'azione di agenti disgregatori. La scomparsa della vegetazione, il sole, il gelo nei crepacci, l'acqua corrente e l'atmosfera corrosero le scogliere emergenti di oltre 1000 m sul mare, le frastagliarono e ne scomposero gli strati, formando così gole e valli. Le Dolomiti rappresentano quindi un esempio classico della genesi di formazioni triassiche con le caratteristiche peculiari delle loro rocce. Il paesaggio e la natura offrono all'appassionato della montagna un mondo la cui bellezza alpina saprà fargli vivere in estate esperienze indimenticabili, mentre lo trasporterà in un autentico regno di fiaba, nell'incanto magico e cristallino dell'inverno.

## Dolomiti di Sesto

Le **Dolomiti di Sesto** sono comprese tra la Val di Landro e la Val di Sesto. Con le Tre Cime di Lavaredo, 2999 m, e la Cima Dodici, 3094 m, esse presentano alcune delle più belle e famose montagne delle Alpi. La prima ascensione alla Cima Grande venne effettuata il 21 agosto 1869 dall'alpinista viennese Paul Grohmann, dal carinziano Franz Salcher e dal capostipite della dinastia di guide alpine di Sesto, Franz Innerkofler. Il percorso di allora è quello che ancor oggi viene più frequentato: la parete sud. Nel 1879 venne conquistata per la prima volta la Cima Occidentale (da Michael Innerkofler e G. Ploner), due anni dopo fu la volta della Cima Piccola (Michael e Hans Innerkofler). Da allora le Tre Cime di Lavaredo, a picco sul lato nord, vennero e vengono scalate con itinerari diversi in ogni stagione dell'anno.

Le Dolomiti di Sesto possono essere suddivise in sei sottogruppi: il **Gruppo de La Rocca**, il Gruppo dei Tre Scarperi, il Gruppo della Cima Undici, il Gruppo della Cima Dodici ed il Gruppo della Tre Cime e del M. Paterno. A sud, quasi a sé stante, il Gruppo dei Cadini. Il Gruppo de La Rocca, situato tra la Val di Landro e la Valle Campo di Dentro, è annoverato tra i massicci più solitari delle Dolomiti. La mancanza di strade e di rifugi, ma soprattutto la difficile conformazione delle sue cime, fa sì che esso sia meta quasi esclusiva di esperti alpinisti. Questo massiccio, che raggiunge i 2966 m di altezza a La Rocca, si distingue per la sua incontaminata bellezza paesaggistica. Dalle cime si gode un panorama stupendo sulla Val Pusteria, sulle cime dolomitiche circostanti e sulle Alpi centrali a nord. Il **Gruppo dei Tre Scarperi** è collegato alla parte centrale delle Dolomiti di Sesto dalla Forcella di Toblin. È limitato ad ovest dalla Valle Campo di Dentro, a nord dalla Val di Sesto e ad est dalla Val Fiscalina. La vetta principale è la Cima dei Tre Scarperi, 3152 m, che si eleva maestosa e gigante sulla Val Pusteria. Si consiglia la facile ascensione al Lastron dei Scarperi, 2957 m, dal Rif. Locatelli alle Tre Cime. Dalla spaziosa vetta si gode uno splendido panorama sulle Dolomiti di Sesto. Il **Gruppo della Cima Dodici** è uno dei più arditi massicci dolomitici su cui svetta la Cima Dodici, 3094 m. Esso è caratterizzato da imponenti pareti, torri frastagliate e gole selvagge. Ai piedi dei massicci di roccia calcarea troviamo estesi circhi glaciali ricolmi di detriti. Il gruppo è meta di numerosi alpinisti, che trovano qui ascensioni in tutti i gradi di difficoltà. Punti di partenza preferiti sono i Rif. Comici-Zsigmondy e Carducci. Ad est del Gruppo della Cima Dodici si erge il **Gruppo della Cima Undici**, con l'omonima cima, 3092 m. Si tratta di un aspro massiccio profondamente frastagliato con un labirinto di circhi glaciali, torri e terrazze. Durante la prima guerra mondiale le sue cime duramente contese erano attraversate da una fitta rete di postazioni militari. Durante le escursioni è facile trovare resti di passaggi, caverne e cimeli delle battaglie che vi ebbero luogo. Il **Gruppo delle Tre Cime di Lavaredo** è uno dei massicci più singolari delle Alpi Orientali. Particolarmente suggestiva e rinomata è la veduta dal lato nord verso le Tre Cime di Lavaredo. Oltre alle Tre Cime propriamente dette, 2999 m, fanno parte del massiccio anche numerose altre torri e guglie. È uno dei più ambiti paradisi dei rocciatori, dato che offre in uno spazio limitato ben più di 100 diverse ascensioni. I rifugi Auronzo, Lavaredo e Locatelli alle Tre Cime sono raggiungibili senza sforzi particolari per la strada panoramica delle Tre Cime (strada a pedaggio dal Lago d'Antorno al Rif. Auronzo). Il **Gruppo del Monte Paterno**, con l'omonima vetta, 2744 m, è situato tra il gruppo della Cima Dodici e quello delle Tre Cime di Lavaredo. Dall'aspetto meno appariscente, fu tuttavia aspramente conteso durante la prima guerra mondiale per la sua posizione dominante sull'Altopiano delle Tre Cime di Lavaredo. Non si trascuri una visita alla galleria del Monte Paterno che inizia non lontano dal Rif. Locatelli.

Il **Gruppo dei Cadini** non è così famoso come gli altri gruppi dolomitici, ma offre molti vantaggi per la sua posizione geografica. Il punto d'appoggio più vicino è la romantica Misurina con l'omonimo e famoso lago, da dove si raggiungono i rifugi Col de Varda e Fratelli Fonda-Savio, così importanti per i frequentatori delle vie ferrate. Bellissima l'escursione, anche se impegnativa, sul sentiero attrezzato Bonacossa che dal Rif. Col de Varda conduce al Rif. Auronzo.

## Gruppo del Cristallo, Pomagagnon, Gruppo del Sorapiss, Gruppo delle Marmarole

Nel **Gruppo del Cristallo**, il Monte Cristallo, uno dei giganti rocciosi delle Dolomiti Ampezzane, si erge a nord-est sopra Cortina d'Ampezzo e forma un magnifico scenario per questa località. È senz'altro una delle vette più affascinanti, maestosa e forse un po' temibile, ma forse proprio per questo una sfida e quasi un «dovere» per ogni alpinista esperto. Come in altri massicci vicini anche qui si svilupparono negli anni 1915 - 1918 aspre battaglie e gli impianti di sentieri militari sono in parte stati utilizzati quale base per la costruzione e l'impianto delle odierne vie ferrate. La «via ferrata Ivano Dibona» è un eccellente esempio delle tante fatiche sostenute da idealisti e conduce dal Rif. G. Lorenzi attraverso tutta la cresta occidentale del Cristallo fino al Col dei Stombi. Subito all'inizio si deve attraversare un ponte sospeso lungo ben 27 m; è sensazionale questa alta via, che offre favolosi scorci panoramici e permette una giusta e realistica visione delle vicende della guerra alpina.

Ad ovest dell'imponente gruppo del Cristallo che supera i 3000 m, il **Pomagagnon** con i suoi 2450 m di altezza perde un po' del suo fascino, anche se possiede due belle vie ferrate con una magnifica vista sul capoluogo dolomitico. La vicina Cortina d'Ampezzo e la graziosa località di Misurina costituiscono rinomati punti di appoggio vallivi.

Il **Gruppo del Sorapiss** funge da enorme scenario a sud-est del famoso capoluogo dolomitico Cortina d'Ampezzo. La cresta di questo imponente massiccio forma un semicerchio che si apre verso nord-est. Al suo centro, a sud, si trova la Punta Sorapiss, 3205 m, una delle sette vette delle Dolomiti orientali che superano i 3200 m. La vetta fu conquistata per la prima volta nel 1864. Il gruppo è delimitato ad ovest dalla Valle d'Ampezzo, a nord dal Passo Tre Croci; la Val d'Ansiei chiude a nord-est, mentre dopo un forte avvallamento è il **Gruppo delle Marmarole** a continuare la catena montuosa in direzione sud-est. I tre piccoli ghiacciai del gruppo alimentano con le loro acque di disgelo il piccolo Lago di Sorapiss. Lo scenario offerto da questo punto, con le caratteristiche cime delle Tre Sorelle e del Dito di Dio, è a dir poco una gemma delle Dolomiti.

## Gruppo di Fanes e Le Tofane

Sembra quasi che il **Gruppo di Fanes** voglia simboleggiare il passaggio dalle Dolomiti occidentali a quelle orientali, anche perché unisce in sé le forme rocciose di ambedue i territori. Da un lato presenta, nella catena di Fanes, le forme bizzarre delle torri dolomitiche occidentali e dall'altra l'altopiano esteso ed imponente dell'Alpe di Fanes lascia presagire le forme rocciose più compatte della parte orientale delle Dolomiti. Il massiccio che fa parte del parco naturale Fanes-Sennes-Braies è delimitato a nord dalla Valle di Tamores, ad ovest dalla Val Badia e a sud-est dal Gruppo delle Tofane. La cima di Le Cunturines con 3064 m è l'elevazione più alta. Non è da meravigliarsi se l'altipiano dell'Alpe di Fanes con i graziosi laghetti ha dato origine a molte leggende mitiche; infatti, quella del popolo di Fanes assieme alla leggenda del Catinaccio con Re Laurino si sono meglio tramandate. Questo gruppo offre, oltre alle vie ferrate che permettono una visione molto realistica delle vicende della guerra dolomitica, molte possibilità di effettuare bellissime escursioni sull'altipiano dell'Alpe di Fanes. Posto ad ovest di Cortina d'Ampezzo, questo gruppo fa parte del favoloso scenario di questa famosissima località dolomitica ed ha quindi contribuito alla sua fama.

Le **Tofane** formano uno dei massicci più marcati e si dividono in tre parti: la Cima Tofana di Rozes, Tofana di Mezzo e Tofana di Dentro. La Tofana di Mezzo con 3244 m è l'elevazione massima del gruppo ed un punto panoramico favoloso raggiungibile con una funivia a due tronchi direttamente da Cortina. Fu Paul Grohmann, il noto esploratore delle Dolomiti, che negli anni 1863 - 1865 conquistò tutte tre le cime, in parte guidato dal contadino cortinese Francesco Lacedelli. Durante la prima guerra mondiale questo territorio, come tanti altri, era molto conteso; la Tofana di Mezzo era occupata prima dagli Austriaci e poi dagli Italiani. A Cortina d'Ampezzo si trova il monumento commemorativo al generale Antonio Cantore, che come molti altri soldati, ha lasciato la sua vita sulle Tofane.

## Alte Vie delle Dolomiti

Le Alte Vie delle Dolomiti si propongono di creare una rete di rifugi collegati tra loro da sentieri di alta quota o vie ferrate, per permettere a chi le percorre un'ampia panoramica dei vari paesaggi dolomitici. Le Alte Vie sono adatte ad ogni buon camminatore e non presentano pàrticolari difficoltà. Buona pratica della montagna e sicurezza nel passo sono invece richieste per le possibili varianti che conducono alle cime e attraverso le vie ferrate. È importante in ogni caso un adeguato equipaggiamento per la montagna con scarponi robusti, vestiario caldo e protezione impermeabile dal momento che le Alte Vie, tracciate ad un'altitudine media compresa tra i 2000 ed i 2500 m, sono esposte in ogni periodo dell'anno al rischio di repentini ed improvvisi cambiamenti di tempo. I singoli rifugi distano l'uno dall'altro in media 3-5 ore. Le escursioni possono però essere interrotte in qualsiasi momento per scendere a valle. Il territorio riportato sulla cartina comprende le Alte Vie delle Dolomiti n. 1,3, 4 e 5 con percorso nord-sud.

**L'Alta Via delle Dolomiti n. 1** è dedicata agli appassionati della natura alpina, che amano passeggiare a quote relativamente moderate e senza pericoli obiettivi. L'itinerario, partendo dall'incantevole lago di Braies, attraversa il cuore delle Dolomiti, toccando l'Alpe di Fanes, le Tofane, consentendo ai più esperti l'attacco alle «vie ferrate».
Prosegue quindi in Val di Zoldo, toccando il Pelmo e il Civetta, per poi terminare a Belluno.

**L'Alta Via delle Dolomiti n. 3** conduce da Villabassa a Longarone in 7 tappe. Attraversa gruppi famosi quali il Cristallo e il Pelmo. È denominata anche «via dei camosci», perché conduce l'escursionista in un ambiente naturale ancora incontaminato.

**L'Alta Via delle Dolomiti n. 4** è un sentiero d'alta montagna di 80 km, da S. Candido in Pusteria a Pieve di Cadore nella Valle del Piave. L'itinerario si snoda nel magnifico scenario roccioso delle Dolomiti di Sesto e dei massicci del Sorapiss e dell'Antelao, più a sud. Alcuni tratti e le vie ferrate sono consigliabili solo ad esperti escursionisti privi di vertigini. È anche conosciuta con il nome di «Alta Via di Grohmann», in onore dell'alpinista austriaco che, a metà dell'800, scalò per primo alcune delle più importanti vette dolomitiche.

**L'Alta Via delle Dolomiti n. 5** ha inizio a Sesto Pusteria. Attraversa il tratto orientale delle Dolomiti di Sesto e, facendo un largo giro attorno al gruppo delle Marmarole, giunge a Pieve di Cadore. Lungo i suoi oltre 100 km essa tocca ben 8 gruppi montuosi. Per l'intero percorso sono necessari 10 giorni ca. La fatica è però ben ripagata da una serie di paesaggi di rara bellezza.

**Divieto di transito per mountain-bike nel Parco Naturale delle Dolomiti di Sesto nei comuni di Dobbiaco, Sesto e S. Candido.**

**Nel Parco Naturale delle Dolomiti di Sesto nei comuni di Dobbiaco**, Sesto e S. Candido, dal 14 luglio 1999 è stato **vietato il transito alle mountain-bike** su molti sentieri d'alta montagna.
L'introduzione di questa norma è divenuta necessaria, poiché negli ultimi anni era sempre più frequente incontrare ciclisti sui stretti ed esposti sentieri del parco naturale. Venivano così a crearsi inevitabilmente **situazioni di contrasto con gli escursionisti**.
Per proteggere gli escursionisti e per prevenire gli **incombenti danni da erosione** sia delle aree aperte che sui sentieri stessi, la giunta provinciale in accordo con i comuni interessati ha disposto il **divieto annuale** di transito con mountain-bike sui seguenti sentieri/parti di sentiero:

1. **Rifugio Locatelli - La Grava Longa - Forcella di Mezzo (confine di provincia) (105); comune di Dobbiaco**
2. **Rifugio Locatelli - Valle della Rienza - diramazione sentiero n. 10 per il Passo Grande dei Rondoi (102); comune di Dobbiaco**
3. **Rifugio Locatelli - Val del Sasso Vecchio - Rifugio al Fondo Valle Fiscalina (102-103); comune di Sesto**
4. **Rifugio Tre Scarperi - Fossa Grande dei Rondoi (10-11-105); comune di S. Candido**
5. **Rifugio Locatelli - Rifugio Tre Scarperi (105); comune di S. Candido, comune di Dobbiaco**
6. **Rifugio Locatelli - Forcella Pian della Cengia - Rifugio Comici-Zsigmondy (101) - Rifugio al Fondo Valle Fiscalina (103); comune di Sesto**

Eventuali trasgressioni saranno punite con sanzione pecuniaria; il compito di far rispettare questa disposizione sarà affidato al personale del Servizio forestale provinciale e della Ripartizione tutela del paesaggio e della natura.

## Elenco dei Rifugi ed Alberghi Alpini

Non ci assumiamo responsabilità alcuna per le indicazioni fornite. Prima di iniziare le escursioni informarsi a valle sul periodo di apertura dei rifugi e sulle possibilità o meno di pernottamento! Troverete i numeri telefonici dei rifugi più importanti a pagina 45.
Le ascensioni alle cime sono di media difficoltà, vale a dire solo per gente esperta e pratica della montagna!
AVS = Alpenverein Südtirol - CAI = Club Alpino Italiano

## Dolomiti di Sesto

**Auronzo, Rifugio** (Auronzo-Hütte), 2320 m (G 3), CAI Sezione di Auronzo. CAP: I-32041 Auronzo di Cadore. Gestione estiva. Accessi: con l'auto (pedaggio); sentiero a piedi da Misurina, ore 1.45; da Auronzo di Cadore, ore 3; da Landro, ore 3.30. Traversate: al Rif. Lavaredo, 20 min.; al Rif. Locatelli, ore 1.30; al Rif. Pian di Cengia, ore 1.45; al Rif. Comici-Zsigmondy per il Passo Fiscalino, ore 2.30; al Rif. Fratelli Fonda Savio per la via ferrata Bonacossa, ore 2.30.

**Bosi Angelo al Monte Piana, Rifugio** (Angelo-Bosi-Hütte), 2205 m (F 3), privato. CAP: I-32040 Misurina. Aperto d'estate e d'inverno. Accessi: da Misurina, ore 1.30; da Carbonin, ore 3. Traversata: al Rif. Auronzo, ore 2. Cima: M. Piana, 2324 m, 20 min.

**Carducci, Rifugio** (Carducci-Hütte), 2297 m (H 3), CAI Sezione di Auronzo. CAP: I-32041 Auronzo di Cadore. Gestione estiva. Accessi: da Auronzo di Cadore, loc. Giralba in Val d'Ansiei, ore 4.30; da Piano Fiscalino/Fischleinboden per la Forcella Giralba, ore 3.30. Traversate: al Rif. Comici-Zsigmondy, ore 1; al Rif. Berti per il Sentiero degli Alpini ed il Passo della Sentinella, ore 5.30 (solo per esperti); al Rif. Berti al Vallone Popera per le vie ferrate «Cengia Gabriella» e «Roghel», ore 6. Cima: M. Giralba di sopra, 2993 m, ore 2.

**Città di Carpi, Rifugio** (Città di Carpi-Hütte), 2110 m (G 5), CAI Sezione di Carpi. CAP: I-32041 Auronzo di Cadore. Aperto d'estate e d'inverno. Accessi: da Misurina, ore 1.30; dall'albergo Palus San Marco (Val d'Ansiei), ore 2.15. Traversate: al Rif. Col de Varda, ore 1; al Rif. Fratelli Fonda Savio per la Forcella di Torre, ore 2.

**Col de Varda, Rifugio** (Col de Varda-Hütte), 2115 m (F 5), privato. CAP: I-32040 Misurina. Aperto d'estate e d'inverno. Accesso: da Misurina con la seggiovia o a piedi, ore 1.15. Traversate: al Rif. Città di Carpi, ore 1; al Rif. Fratelli Fonda Savio, ore 2.

**Comici-Zsigmondy, Rifugio** (Zsigmondy-Comici-Hütte), 2224 m (H 3), CAI Sezione di Padova. CAP: I-39030 Sesto. Gestione estiva. Accessi: dalla Val Fiscalina, ore 2.30; da Auronzo di Cadore di Cadore, ore 5.30. Traversate: al Rif. Pian di Cengia, ore 1; al Rif. Locatelli, ore 2; al Rif. La-

*Via Ferrata Ivano Dibona da sud-ovest /*
*Klettersteig "Ivano Dibona" von Süd-Westen*

varedo per il Passo Fiscalino, ore 2; al Rif. Carducci, ore 1.15; al Rif. Berti per il Sentiero degli Alpini ed il Passo della Sentinella, ore 5 (solo per esperti). Cime: M. Popera, 3045 m, ore 3.30; Crode Fiscaline, 2675 m, ore 1.30; M. Paterno, 2744 m, ore 3 (solo per esperti).

**De Toni, Bivacco** (De-Toni-Biwak), 2575 m (H 3), CAI Sezione di Padova. CAP: I-32041 Auronzo di Cadore. Non gestito, ma accessibile tutto l'anno. Accesso: dalla Val Marzon, ore 4.30. Traversata: al Rif. Comici-Zsigmondy, ore 3.

**Fondovalle, Rifugio** (Talschlußhütte), 1526 m (H 2), privato. CAP: I-39030 Sesto. Aperto d'estate e d'inverno. Accesso da S. Giuseppe Moso, strada praticabile fino al Dolomitenhof, da lì in 30 min. Traversate: al Rif. Locatelli, ore 2.15; al Rif. Comici-Zsigmondy, ore 2; al Rif. Pian di Cengia, ore 2.45; al Rif. Carducci per la Forcella Giralba, ore 2.45.

**Fratelli Fonda Savio, Rifugio** (Fonda-Savio-Hütte), 2359 m (G 4), CAI Sezione di Trieste. CAP: I-32041 Auronzo di Cadore. Gestione estiva. Accesso: da Misurina, ore 2. Traversate: al Rif. Città di Carpi per la Forcella di Torre, ore 2; al Rif. Auronzo per la via ferrata Bonacossa, ore 2.30; al Rif. Col de Varda, ore 2. Cime: Cima Cadin di Nord-Est, 2622 m, per la via ferrata Merlone, ore 1.30 (solo per esperti).

**Lavaredo, Rifugio** (Lavaredo-Hütte), 2344 m (G 3), privato. CAP: I-32040 Misurina. Gestione estiva. Accesso: dal Rif. Auronzo, 30 min. Traversate: al Rif. Locatelli per la Forcella Lavaredo, ore 1; al Rif. Pian di Cengia per il Passo Fiscalino, ore 1.15; al Rif. Comici-Zsigmondy, ore 2. Cime: M. Paterno, 2744 m, per la Forcella Passaporto e la Gamsscharte (sentiero attrezzato), ore 1.30 (solo per esperti).

**Locatelli Antonio alle Tre Cime, Rifugio** (Drei-Zinnen-Hütte), 2405 m (G 2), CAI Sezione di Padova. CAP: I-39030 Sesto. Gestione estiva. Accessi: da Piano Fiscalino (Fischleinboden/Dolomitenhof), ore 3; da Landro, ore 3.30. Traversate: al Rif. Lavaredo, 50 min.; al Rif. Auronzo per la Forcella Lavaredo, ore 1.30; al Rif. Pian di Cengia, ore 1.15; al Rif. Comici-Zsigmondy per la Forcella Pian di Cengia, ore 1.45; al Rif. Tre Scarperi, ore 2.30. Cime: Torre di Toblin, 2617 m, ore 1; M. Paterno, 2744 m, per l'omonima galleria (pila tascabile!) e la forcella Gamsscharte, ore 1.30 (solo per esperti) oppure per la via ferrata «De Luca-Innerkofler», ore 2 (solo per esperti); Lastron dei Scarperi, 2957 m, ore 2.15; Crode Fiscaline, 2675 m, ore 1.45 (solo per esperti).

**Mascabroni, Bivacco** (Mascabroni-Biwak), 2900 m (H 2), privato. CAP: I-39030 Sesto. Non gestito, ma accessibile tutto l'anno. Accesso: da Piano Fiscalino, ore 4.30 (solo per esperti).

**Pian di Cengia, Rifugio** (Büllelejochhütte), 2528 m (H 2-3), privato. CAP: I-39030 Sesto. Gestione estiva. Accessi: da Piano Fiscalino/Fischleinboden per il Rif. Comici-Zsigmondy, ore 3.45; dal Rif. Auronzo (strada fino a lì), ore 1.45. Traversate: al Rif. Comici-Zsigmondy, 45 min.; al Rif. Locatelli, ore 1; al Rif. Lavaredo, ore 1.30. Cime: Crode Fiscaline, 2675 m, 45 min.; M. Cengia, 2675 m, 30 min.

**Prati di Croda Rossa, Rifugio** (Rotwandwiesenhütte), 1900 m (H 1), privato. CAP: I-39030 Sesto. Aperto d'estate e d'inverno. Accessi: con la seggiovia; da Bagni di Moso, ore 1.30; da Piano Fiscalino, ore 1.30. Traversate: al Passo di Monte Croce Comelico, ore 1.30; al Rif. Comici-Zsigmondy, ore 3. Cime: M. Castelliere, 2168 m, 45 min.; Croda Rossa, 2965 m, ore 3.15.

**Tre Scarperi, Rifugio** (Dreischusterhütte), 1626 m, (G 1), AVS Sezione Drei Zinnen. CAP: I-39038 S. Candido. Gestione estiva. Accesso: dalla strada di Sesto, ore 1.45. Traversate: a Landro, per la Valle della Rienza, ore 4.30; al Rif. Locatelli per il Passo Cavenga, ore 3. Cime: Croda dei Baranci/Birkenkofel, 2943 m, ore 2.45; Croda del Pian Alto/Hochebenkofel, 2904 m, ore 3.45.

## Cristallo, Sorapiss, Marmarole, Pomagagnon

**degli Alpini, Capanna**, 1386 m (G 9), privata. Accesso: da Calalzo di Cadore su una carrozzabile attraverso la Valle d'Oten fino alla Capanna. Traversata: al Rif. Galassi, ore 2.

**Chiggiato, Rifugio**, 1950 m (H 9), CAI Sezione di Venezia. CAP: I-32042 Calalzo di Cadore. Accesso: da Calalzo in macchina fino a Ponte Vedessana, poi a piedi in ore 3. Traversata: al Rif. Galassi, ore 3.30 - 4.

**Comici Emilio, Bivacco**, 2000 m (F 7), CAI Sezione di Trieste. Aperto tutto l'anno. Accesso: dall'Albergo Palus San Marco, ore 3.30. Traversate: al Rif. Vandelli sulla via ferrata «Alfonso Vandelli», ore 3.30 (solo per esperti); al Rif. San Marco, ore 2.30.

**Faloria, Rifugio**, 2123 m, (E 6-7), privato. CAP: I-32043 Cortina d'Ampezzo. Aperto d'estate e d'inverno. Accesso: il rifugio sorge presso la stazione intermedia della funivia Cortina-Tondi di Faloria. Traversate: al Rif. Vandelli al Sorapiss, ore 2.30; alla Baita Fraina, ore 1.45. Cima: Punta Nera, 2847 m, ore 2.

**Galassi, Rifugio**, 2018 m (F 9), CAI Sezione di Mestre. CAP: I-32042 Calalzo di Cadore. Accessi: dalla Capanna degli Alpini (raggiungibile in macchina), ore 2; da San Vito di Cadore, ore 3 (anche in automobile fino sopra la Baita della Zoppa, poi a piedi in ore 1.30). Traversata: al Rif. San Marco, ore 1.15.

**Lorenzi Guido, Rifugio**, 2932 m (E 4), privato. CAP: I-32041 Auronzo di Cadore. Aperto d'estate e d'inverno. Accessi: dalla Capanna Rio Gere vicino al Passo Tre Croci con la cabinovia, in due tratti; dal Rif. Son Forca (che si raggiunge con la cabinovia Rio Gere-Forcella Staunies), ore 2.30. Traversata: al Rif. Ospitale sulla via ferrata Ivano Dibona, ore 5/6 (solo per esperti).

**Mandres, Rifugio**, 1478 m (D 6), privato. Accesso: da Cortina con la funivia Faloria.

**Mietres, Rifugio**, 1710 m (D 5-6), privato. Accesso: da Chiave (Cortina) in seggiovia.

**Musatti Alberto, Bivacco**, 2111 m (G 7), CAI Sezione di Venezia. CAP: I-32041 Auronzo di Cadore. Aperto tutto l'anno. Accesso: da Palus San Marco in Val d'Ansiei, ore 3.30. Traversate: al Biv. Tiziano, ore 3; al Biv. Voltolina, ore 5.30 - 6 (solo per esperti).

**San Marco, Rifugio**, 1823 m (F 9), CAI Sezione di Venezia. CAP: I-32046 S. Vito di Cadore. Aperto in estate. Accessi: da San Vito di Cadore, ore 2; anche da San Vito in macchina fino alla Baita della Zoppa e poi a piedi, ore 1; da Chiapuzza per il Pra da Mason, ore 2.30. Traversate: al Rif. Galassi, ore 1.15; al Bivacco Voltolina, ore 3; al Bivacco Slataper, ore 1.45; al Bivacco Comici sulla via ferrata Carlo Minazio, ore 3 (solo per esperti).

**Scotter Palatini, Rifugio**, 1580 m (F 9), privato. CAP: I-32046 S. Vito di Cadore. Aperto d'estate e d'inverno. Accesso: da S. Vito al parcheggio dello skilift e da lì ore 1.15. Traversata: al Rif. San Marco, 30 min.

**Slataper, Bivacco**, 2600 m (EF 8), CAI Sezione di Trieste. Aperto tutto l'anno. Accesso: dal Rif. San Marco, ore 1.45. Traversate: al Rif. Vandelli sulla via attrezzata Francesco Berti, ore 7 - 8 (solo per esperti); al Biv. Comici sulla via ferrata Carlo Minazio, ore 4 (solo per esperti); al Biv. Voltolina, ore 3.

*Il Pomagagnon da Cortina d'Ampezzo /
Der Pomagagnon von Cortina d'Ampezzo*

**Son Forca, Rifugio**, 2215 m (E 5), privato, CAP: I-32043 Cortina d'Ampezzo. Aperto d'estate e d'inverno. Accessi: da Rio Gere vicino al Passo di Tre Croci in cabinovia; dalla Val Padeon in seggiovia; dal Passo Tre Croci a piedi, ore 1. Traversata: al Rif. Lorenzi, ore 2.30.

**Tondi di Faloria, Rifugio**, 2327 m (E 7), privato, CAP: I-32043 Cortina d'Ampezzo. Aperto d'estate e d'inverno. Accesso: da Cortina con la funivia, oppure a piedi in ore 3. Traversate: al Rif. Vandelli al Sorapiss, superando la Forcella del Cadin e la Forcella Malquoira, ore 3 (solo per esperti); al Passo Tre Croci, ore 1.30.

**Vandelli al Sorapiss, Rifugio**, 1928 m (F 7), CAI Sezione di Venezia, CAP: I-32043 Cortina d'Ampezzo. Aperto in estate. Accesso: dal Passo Tre Croci, ore 1.30. Traversate: al Rif. Tondi di Faloria superando la Forcella Malquoira e la Forcella del Cadin, ore 3 (solo per esperti); al Bivacco Slataper sulla via ferrata Francesco Berti, ore 7 - 8 (solo per esperti); al Bivacco Comici sulla via ferrata Alfonso Vandelli, ore 3 - 3.30 (solo per esperti).

**Voltolina Leo, Bivacco**, 2082 m (F 8), CAI Sezione di Venezia. Aperto tutto l'anno. Accesso: da Palus San Marco (Val d'Ansiei), ore 3.30. Traversate: al Bivacco A. Musatti, ore 5.30 - 6 (solo per esperti); al Rif. San Marco, ore 3; al Bivacco Slataper, ore 3.

## Tofane

**Col Druscié, Rifugio**, 1779 m (C 6), privato. Accesso: da Cortina con il primo tratto della funivia della Tofana «Freccia del cielo» o con la seggiovia, in due tratti. Traversate: al Rif. Duca d'Aosta, ore 1.15 (anche in 10 min. a piedi e poi in seggiovia); al Rif. Pomedes superando il Rif. Duca d'Aosta, ore 1.45; al Rif. Dibona sul sentiero Astaldi, ore 2.45.

**Dibona Angelo, Rifugio**, 2083 m (C 7), privato, aperto d'estate e d'inverno. Accesso: dalla grande strada delle Dolomiti (4 km). Traversate: al Rif. Camillo Giussani, ore 1.30; al Rif. Pomedes sul sentiero Astaldi, ore 1; al Rif. Duca d'Aosta superando il Rif. Pomedes, ore 1.30; al Rif. Col Druscié, ore 2.45; al Rif. Lagazuoi, ore 3.

**Duca d'Aosta, Rifugio**, 2098 m (C 6), privato, aperto d'estate e d'inverno. Accesso: dalla grande strada delle Dolomiti (4 km); da Cortina con funivia e seggiovie e tratto a piedi di 10 min. Traversate: al Rif. Pomedes, 30 min.; al Rif. Dibona, ore 1.30; al Rif. Giussani, ore 3; al Rist. Pié Tofana, ore 1.15.

**Giussani Camillo, Rifugio**, 2580 m (C 6), CAI Sezione di Cortina d'Ampezzo. CAP: I-32043 Cortina d'Ampezzo. Aperto in estate. Accessi: dal Rif. A. Dibona (raggiungibile in macchina), ore 1.30; dal Rif. Duca d'Aosta (raggiungibile in macchina) sul sentiero Astaldi, ore 2.30. Traversate: al Rif. Ra Valles (seconda stazione intermedia della funivia Cortina-Tofana) superando la Cengia Paolina (giro attorno alla Tofana di Mezzo e alla Tofana di Dentro), ore 6 (solo per esperti); giro attorno alla Tofana di Rozes sulla via ferrata Giovanni Lipella, superando la Forcella de Bos, ore 5 (solo per esperti).

**Ghedina, Rifugio**, 1457 m (C 6), privato. Accesso: da Cortina su una carrozzabile che passa da Gilardon (5 km) o per Fiames (6 km). Traversata: al Rif. Col Druscié, ore 1.

**Lagazuoi, Rifugio**, 2752 m (B 7), privato, aperto d'estate e d'inverno. Accesso: dal Passo Falzarego in funivia, oppure a piedi passando per la Forcella Lagazuoi, ore 2. Traversate: al Passo Falzarego per i camminamenti del Lagazuoi della prima guerra mondiale, ore 2; al Rif. Scotoni, ore 1.30. Cima: Piccolo Lagazuoi, 2750 m, in pochi min. Grandioso panorama dal rifugio e dalla cima.

**Pomedes, Rifugio**, 2303 m (C 6), privato, aperto d'estate e d'inverno. Accessi: da Cortina in funivia o seggiovia fino al Col Druscié e in seggiovia fino al rifugio (10 min. a piedi); dal Rif. Duca d'Aosta (raggiungibile in automobile) in seggiovia o a piedi in 30 min. Traversate: al Rif. Dibona sul sentiero Astaldi, ore 1; al Rif. Giussani passando per il Rif. Dibona, ore 2.30.

**Ra Valles, Rifugio**, 2470 m (C 6), privato. Accesso: da Cortina con la funivia della Tofana «Freccia del cielo»; anche a piedi da Pié Tofana, ore 2.30. Traversata: al Rif. Giussani sulla Cengia Paolina, ore 6 (solo per esperti).

**Scotoni, Rifugio**, 1985 m (A 6), privato, aperto in estate. Accesso: da S. Cassiano fino alla Capanna Alpina (in automobile) e poi a piedi in un'ora. Traversate: al Rif. Lagazuoi, ore 1.30; al Rif. Valparola, ore 2; all'Alpe Fanes Grande, ore 2.

**Valparola, Rifugio**, 2168 m (A 7), privato, aperto in estate. Accesso: sulla strada di Valparola dal Passo Falzarego o da S. Cassiano. Traversata: al Rif. Lagazuoi, ore 3. Cime: Sas de Stria, 2477 m, ore 1 (facile); Monte Castello, 2371 m, 30 min. (facile); Col di Lana, 2452 m, superando la Forcella di Sief, ore 3.30 - 4 (difficoltà media).

## Gruppo di Fanes (Kreuzkofelgruppe)

**Alpina, Capanna (Alpinahütte)**, 1726 m (A 5), privato, aperto in estate. Accesso: da S. Cassiano, ore 1.15. Traversate: al Rif. Fanes, ore 3.30; al Rif. Scotoni, ore 1.

**Biella, Rifugio (Seekofelhütte)**, 2327 m (C 1), CAI Sezione di Treviso. CAP: I-32043 Cortina d'Ampezzo. Aperto in estate. Accessi: dal lago di Braies sull'Alta Via delle Dolomiti n. 1, ore 2.30; dall'Albergo Ponticello passando per la Capanna del Cavallo ed il «Forno», ore 3.15; dall'Osteria Prato Piazza passando per le Baite del Cavallo ed il «Forno», ore 4; dal Rif. Pederù (che si raggiunge in automobile) sull'Alta Via delle Dolomiti n. 1, ore 2.30. Traversate: al Rif. Sennes sull'Alta Via delle Dolomiti n. 1, ore 1; al Rif. Fodara Vedla, ore 1.30. Cima: Croda del Becco, 2810 m, ore 1 (solo per esperti).

**Fanes, Rifugio (Faneshütte)**, 2060 m (B 3), privato, aperto d'estate e d'inverno. Accessi: da S. Vigilio, ore 5 (vedi carta turistica KOMPASS n. 615 «Brixen/Bressanone - St. Vigil - Enneberg»); dal Rif. Pederù, ore 1.45. Traversate: all'Ospizio di S. Croce, ore 4; al Passo Falzarego, ore 5.30.

**Fodara Vedla, Rifugio**, 1980 m (C 2), privato, aperto d'estate e d'inverno. Accessi: dal Rif. Pederù (fin lì anche in auto), ore 1.15; da Botestagno attraverso l'Alpe Ra-Stua, ore 2.30. Traversate: al Rif. Sennes, 45 min.; al Rif. Biella, ore 1.15. Cima: Lavinores, 2462 m, ore 1.30 (difficoltà media).

**Lavarella, Rifugio**, 2050 m (B 3), privato, aperto in estate e da marzo ad aprile. Accessi: da S. Cassiano attraverso Valparola, Passo Tadega e Passo Limo, ore 3.30; da La Villa attraverso la Forcella Lavarella, ore 4. Traversata: all'Ospizio di S. Croce attraverso la Forcella della Croce, ore 4. Cime: Monte Cavallo, 2908 m, ca. ore 3 (facile); Cima Dieci, 3026 m, ore 4 (difficoltà media).

**Munt de Sennes, Rifugio**, 2245 m (B 1), aperto in estate. Accesso: da S. Vigilio con la macchina fino al Rif. Pederù e poi a piedi, ore 1.45.

**Pederù, Rifugio**, 1540 m (B 2), privato, aperto d'estate e d'inverno. Accesso: raggiungibile in auto. Traversate: ai Rifugi Fanes e Lavarella sull'Alta Via delle Dolomiti n. 1, ore 1.45; ai Rifugi Sennes e Biella sull'Alta Via delle Dolomiti n. 1, ore 1.30 - 2.30; al Rif. Fodara Vedla, ore 1.15.

**Sennes, Rifugio**, 2126 m (BC 2), privato, aperto in estate e da febbraio ad aprile. Accessi: dal Rif. Pederù (fin lì in auto), sull'Alta Via delle Dolomiti n. 1, ore 1.30; da Botestagno attraverso l'Alpe Ra Stua, ore 2.30. Traversate: al Rif. Fodara Vedla, 45 min.; al Rif. Biella sull'Alta Via delle Dolomiti n. 1, ore 1. Cima: Monte Sella di Sennes, 2787 m, ore 2 (difficoltà media).

## Averau, Nuvolau, Croda da Lago

**Averau, Rifugio**, 2413 m (B 8), privato, aperto d'estate e d'inverno. Vedi Rif. Nuvolau.

**Cinque Torri, Rifugio**, 2137 m (B 7/8), privato, aperto d'estate e d'inverno. Accesso: dalla grande strada delle Dolomiti in automobile (5 km) o a piedi in ore 1.15. Traversate: al Rif. Scoiattoli, 15 min., al Rif. Nuvolau attraverso la Forcella Nuvolau, ore 1.15; al Passo Giau superando la Forcella Nuvolau, ore 2; al Passo Giau superando la Forcella Nuvolau, il Rif. Nuvolau e la Gusela, ore 3 (solo per esperti); al Rif. Croda da Lago, ore 2.30. Cima: Averau, 2647 m, per la Forcella Nuvolau ed attraverso la Gola Orientale, ore 2 (solo per esperti).

**Croda da Lago (G. Palmieri), Rifugio**, 2042 m (C 8), CAI Sezione Cortina d'Ampezzo. Aperto in estate e da febbraio ad aprile. Accesso: da Campo (Cortina), ore 3. Traversata: al Rif. Cinque Torri sull'Alta Via delle Dolomiti n. 1, ore 2.30.

**Fedare, Rifugio**, 1952 m (B 8), privato, aperto tutto l'anno. Accesso: sulla strada del Passo Giau da Colle Santa Lucia, Selva di Cadore o dal Pocol direttamente fino al rifugio. Traversate: al Rif. Nuvolau, ore 1.30; al Rif. Scoiattoli o Cinque Torri, ore 1.15. Cima: Monte Pore, 2405 m, ore 3 (facile).

**Nuvolau, Rifugio**, 2575 m (B 8), CAI Sezione Cortina d'Ampezzo. Aperto in estate. Accessi: dal Rif. Scoiattoli (dove si arriva in seggiovia da Bai de Dones sulla grande strada delle Dolomiti), ore 1; dal Rif. Cinque Torri (raggiungibile in macchina) passando per il Rif. Scoiattoli, ore 1.15; dal Passo Giuau e per la Forcella Nuvolau, ore 1.30; dal Passo Giau sulla Via Ferrata che passa per la Gusela, ore 1.30 (solo per esperti). Cima: Averau, 2647 m, superando la Forcella Nuvolau ed attraversando la Gola Orientale, ore 1.30 (solo per esperti).

**Scoiattoli, Rifugio**, 2225 m (B 7/8), privato, aperto d'estate e d'inverno. Accesso: dalla grande strada delle Dolomiti (Bai de Dones) in seggiovia o su strada fino al Rif. Cinque Torri e poi a piedi in 15 min. Traversate: vedere Rif. Cinque Torri, dal quale il Rif. Scoiattoli dista circa 15 min.

*Punta Sorapiss da ovest / Sorapiss-Spitze von Westen*

## Descrizione delle località

Troverete i numeri di telefono e di fax delle Associazioni turistiche a pagina 45.

*Per il completamento verranno descritti anche alcuni comuni limitrofi di Cortina d'Ampezzo.*

### Confini Amministrativi 1:350 000

## AURONZO DI CADORE

Comune, Prov. di Belluno, abitanti: 3800, altezza s.l.m.: 864 m, CAP: I-32041. **Informazioni**: Azienda di Promozione Turistica «Dolomiti», Ufficio I.A.T. di Auronzo di Cadore. **Stazione ferroviaria**: Calalzo di Cadore (17 km). **Collegamento autobus**: con Calalzo di Cadore e Cortina d'Ampezzo.

Il Comune di Auronzo di Cadore giace ai piedi del versante meridionale del M. Aiarnola e sulle rive dell'omonimo lago. La statale n. 48 che giunge ad Auronzo era già nota in epoca romana, infatti da Pieve di Cadore la Via Claudia Augusta Altinate, voluta dall'imperatore Claudio (41-45 d.C.), conduceva dopo una breve deviazione fino ad Auronzo. La località viene menzionata per la prima volta nel 1188 sotto l'appellativo «Auroncio». Nel 1321 ottenne uno statuto proprio. Fino al 1752 ebbe numerosi conflitti con il Comune di Dobbiaco riguardanti il possesso dei pascoli di Misurina, che è una frazione di Auronzo di Cadore. Ai nostri giorni la località è una frequentata stazione di soggiorno estivo ed invernale.

### Curiosità del luogo e dintorni
La **Chiesa delle Grazie**, del 1745, con dipinti del Tizianello. - **Chiesa di S. Caterina**, a Villapiccola, costruita in stile tardogotico verso il 1554; all'interno dipinti di Cima da Conegliano (XVI sec.). - La **Chiesa di S. Giustina** venne eretta nel 1772 in base ai progetti di D. Schiavi. All'interno un dipinto della scuola di Tiziano, nonché alcune opere pittoriche di G. De. Min. - Durante i lavori di rifacimento della piazza di S. Giustina (maggio 2000) sono venuti alla luce i **resti della strada romana**.

## CALALZO DI CADORE

Comune, Prov. di Belluno, abitanti: 2.416, altezza s.l.m.: 806 m, CAP: I-32042. **Informazioni**: Azienda di Promozione Turistica «Dolomiti», Ufficio I.A.T. di Calalzo di Cadore. **Stazione ferroviaria**: Calalzo di Cadore.

Situato in felice posizione, sopra un terrazzo morenico, non lungi dalla riva del lago di Pieve di Cadore, Calalzo è con ogni probabilità l'insediamento più antico del Cadore. A Lagole, infatti, circa 2500 anni fa esisteva un santuario dedicato ad una divinità sanante. Molti reperti archeologici sono stati scavati in quell'area, soprattutto statuette bronzee e un gran numero di iscrizioni in mostra al museo della Magnifica Comunità a Pieve di Cadore. Apprezzato centro per villeggiature estive e soggiorni climatici in ogni stagione dell'anno, è qui che nel 1878 Giovanni Lozza e i fratelli Angelo e Leone Frescura avviarono il primo opificio di occhiali: la zona è ora conosciuta in tutto il mondo per la produzione di occhiali.

### Curiosità del luogo e dintorni
La **Chiesa parrocchiale di S. Biagio** (interessante coro). - La **Chiesa di S. Anna** nella frazione di Rizzios, dove sono conservate pregevoli tele del '600 e diversi reliquiari del XVIII sec. - In località Lagole le suggestive **sorgenti** d'acqua ferruginosa famose per le loro proprietà curative.

## CORTINA D'AMPEZZO    D 6

Comune, Prov. di Belluno, abitanti: 7.109, altezza s.l.m.: 1225 m, CAP: I-32043. **Informazioni**: Azienda di Promozione Turistica "Dolomiti", Cortina d'Ampezzo. **Stazione ferroviaria**: Calalzo (33,5 km), Dobbiaco (32 km). **Collegamento autobus** con Calalzo, Dobbiaco, Brunico, Bressanone, Bolzano, Pieve di Cadore, Belluno, Venezia; in alta stagione anche con Merano, Bologna, Ferrara, Mantova, Milano, Modena, Ortisei, Padova, Misurina, Jesolo, Lignano, Riva, Trento, Verona, Udine, Passo di Falzarego, Passo Pordoi. **Impianti di risalita**: numerose cabinovie, seggiovie e sciovie.

Cortina d'Ampezzo, situata in posizione invidiabile nel cuore dei più bei gruppi dolomitici (Tofane, Cristallo, Sorapiss, Antelao, Nuvolau), gode di un salubre clima di alta montagna. Le infrastrutture turistico-sportive di prim'ordine ne hanno fatto uno dei centri turistici più famosi delle Alpi e la più attrezzata località italiana di sport invernali. Infinite sono le possibilità di escursioni, arrampicate e gite e si possono praticare tutti gli sport invernali; i più bei punti panoramici sono raggiungibili in funivia. Ma Cortina offre anche una ricca vita mondana, tanto da soddisfare anche l'ospite che, meno appassionato di sport, cerca occasioni di svago e di divertimento. La cittadina è diventata punto d'incontro di un pubblico internazionale; accanto ad altre manifestazioni mondano-culturali è da citare il premio letterario «Cortina-Ulisse». Nel 1956 si è svolta qui la 7ª edizione dei Giochi Olimpici Invernali.

Con la costruzione della «Strada d'Alemagna» nel 1830, che collega Cortina sia con la Val Pusteria ed Innsbruck che con Venezia, la località venne inserita nella rete delle più importanti vie di comunicazione internazionali. Gli inizi del turismo risalgono alla metà del XIX secolo, quando Paul Grohmann ed altri pionieri dell'alpinismo scoprirono le bellezze paesaggistiche di questa zona dolomitica. Verso il 1875 sorsero i primi alberghi, fra i quali anche l'hotel «L'Aquila», tuttora esistente. La scuola alpina di Cortina offre un vasto programma di escursioni (informazioni presso l'ufficio delle guide alpine).

**Curiosità del luogo e dintorni**
La **Parrocchiale** del XIII sec. fu più volte ricostruita. All'interno tabernacolo ligneo barocco dello scultore Andrea Brustolon. Dal campanile (1853 - 58) di 72 metri splendida vista sulle montagne che circondano la conca di Cortina. - Nella Scuola d'Arte (Museo e Galleria d'Arte Moderna) si trova la **Collezione Rimoldi**, una vasta raccolta di opere d'arte italiane del XX sec. - La **Chiesa della Madonna della Difesa**, eretta nel XV sec. e ristrutturata nel XVIII sec., interno rococò. - L'antica **Casa Ghedina** all'entrata nord dell'abitato, con affreschi sulle pareti esterne. - Il **monumento a Déodat de Dolomieu** (1750 - 1801), che per primo descrisse le caratteristiche della roccia che da lui prese il nome. - Il **monumento al Generale Antonio Cantore**, deceduto durante la prima guerra mondiale sulle Tofane. - Lo **stadio olimpico del ghiaccio**, bellissimo esempio di architettura moderna sportiva, con una pista di 4320 m$^2$. - Il **trampolino Italia** nei pressi dell'abitato di Zuel. - L'**Ossario** a Pocol, con le spoglie di 7725 soldati caduti nel corso della prima guerra mondiale; nella cripta la salma del generale Cantore.

**Passeggiate ed escursioni**
A Zuel, per l'abitato di Campo di Sotto con la pittoresca gola del Rio Costeana, ore 1. - Alle «Grotte di Volpera» (rocce precipitate dal Monte Crepa), passando per Mortisa, 30 min. - Al Lago Ghedina, in bellissima posizione, passando per Cadin, ore 1. - Al Rif. Col Druscié, 1779 m, con comodo sentiero in parte nel bosco, ore 1.30 (anche con funivia). - Al Rif. Mandres, 1478 m, ore 1 ca. (anche con funivia). - Al Rif. Croda da Lago, 2042 m, con una stretta carrozzabile di 9 km, ore 2.45. - Al Rif. Faloria, 2123 m, (anche con funivia) ed al Rif. Tondi di Faloria, 2327 m, ore 2.30-3. - Al Rif. Son Forca, 2215 m, dal Passo Tre Croci, ore 1. - Al Rif. Vandelli, 1928 m, dal Passo Tre Croci, ore 1.30. - Al Rif. Giussani, 2580 m, situato alla Forcella di Fontanegra, dal Rif. Dibona (fin qui in auto), ore 1.30. - Dato che quasi tutti i rifugi dei dintorni di Cortina sono raggiungibili o con auto o con impianti di risalita, numerose escursioni della zona cominciano ai rifugi (vedi «Rifugi alpini»). - Bellissima la salita in funivia dal Passo di Falzarego al Rif. Lagazuoi, 2752 m, uno straordinario punto panoramico. - Interessante pure il giro automobilistico (40 km) attorno al Cristallo: da Cortina per Podestagno e Carbonin al Lago di Misurina (deviazione per il Rif. Auronzo alle Tre Cime di Lavaredo) e per il Passo Tre Croci ritorno a Cortina.

## DOBBIACO/TOBLACH

Comune, Prov. di Bolzano, abitanti: 3.300, altezza s.l.m.: 1250 m. CAP: I-39034. **Informazioni:** Associazione Turistica Dobbiaco. **Stazione ferroviaria**: Dobbiaco. **Collegamento autobus**: con Bolzano, Brunico, Cortina d'Ampezzo, Merano, Venezia, Trieste, Monaco di Baviera, Lienz, Vienna. **Impianti di risalita**: sciovie Rienza. Centro di fondo con stadio.

L'ameno borgo mercantile di Dobbiaco è situato sulla «strada d'Alemagna», un tempo collegamento per i commerci tra Venezia e Augusta, là dove la Val di Landro sbocca nella Val Pusteria, all'altezza della Sella di Dobbiaco che fa da spartiacque tra il bacino della Rienza e quello della Drava e tra il Mar Adriatico ed il Mar Nero. Il Comune è costituito dalle frazioni di Dobbiaco Nuova e Dobbiaco Vecchia. La prima sorse all'inizio del XX secolo con una forte infrastruttura alberghiera, diventando in poco tempo una delle più rinomate località di soggiorno estivo dell'Alto Adige, la seconda sorse sul conoide torrentizio del Rio S. Silvestro, sul margine settentrionale della Sella di Dobbiaco, con una bella chiesa barocca ed il Castello di Dobbiaco (Herbstenburg). Sul «Colle della Vittoria» (Viktorbichl), presso Dobbiaco, si suppone che il duca baiuvaro Garibald II abbia sconfitto nel 610 gli Slavi penetrati dalla Carinzia. Dobbiaco viene menzionata per la prima volta nell'827. Dal XIII sec. il transito ha dato un notevole impulso allo sviluppo economico della cittadina. Nel 1500 l'imperatore Massimiliano soggiornò nel Castello di Dobbiaco, di proprietà dei conti Herbst, per poter frequentare i bagni di Pian di Maia e per chiamare a raccolta i propri mercenari nella lotta contro Venezia. Durante la prima guerra mondiale Dobbiaco Vecchia e Nuova furono notevolmente danneggiate. A sud di Dobbiaco si diparte la Val di Landro, ricca di prati e boschi, che penetra nel cuore delle Dolomiti. In questa valle si trovano anche i laghi di Dobbiaco e di Landro.

### Curiosità del luogo e dintorni
La **Parrocchiale di S. Giovanni Battista**, una splendida costruzione del tardo barocco tirolese, riedificata nel 1764-1774, con campanile del 1804, affreschi di Franz Zeiller sul soffitto e sculture di Johann Perger. Notevole il fonte battesimale (stile rinascimentale, 1600), ed il bassorilievo sulla tomba della contessa Frangipani e di Kaspar Herbst, 1530. - Le **cappelle della Via Crucis**, XVI sec. - La Cappella «In der Gratsch», seconda metà del XVIII sec. - La **Residenza Roter Turm**, XV sec. - **Castello di Dobbiaco**, XVI sec. - Il **Santuario dell'Addolorata**, a S. Maria, consacrata nel 1745, ampliata nel 1750, affreschi sulle pareti di Simone da Tesido, 1515. - **Landro** con il suo lago e la vista sulle Tre Cime di Lavaredo, il Monte Cristallo e il Monte Piana (**Museo all'aperto della prima guerra mondiale, con postazioni e bunker**).

### Passeggiate ed escursioni
Da Landro per la Valle della Rienza al Rif. Locatelli alle Tre Cime, ai piedi delle Tre Cime di Lavaredo, ore 3 (medio). - Da Landro sull'Alta Via delle Dolomiti a Prato Piazza, ore 2.30 (medio). - Interessanti itinerari alla scoperta di sentieri e postazioni della prima guerra mondiale sul Monte Piana, Croda dei Rondoi, Monte Rudo, Monte Specie, Monte Fumo, Cristallino e Cristallo.

## MAREBBE/ENNEBERG

Comune, Prov. di Bolzano, abitanti: 2.574, altezza s.l.m.: 942-3064 m, CAP: I-39030. **Informazioni**: Associazione Turistica di S. Vigilio di Marebbe. **Stazione ferroviaria**: Brunico (18 km). Collegamento autobus di linea con Brunico e Badia. **Impianti di risalita**: cabinovie e seggiovie.

Il Comune di Marebbe, con sede a S. Vigilio, è coronato da alcune delle più suggestive cime dolomitiche. Di rara bellezza le vette del Piz da Peres, del Paracia, del M. Pares e del M. Sela di Senes dominano l'accesso alla leggendaria Val dai Tàmersc (o di Rudo), entrata del mitico regno delle Dolomiti di Fanes. I freddi venti settentrionali vengono bloccati dalla mole del Plan de Corones, paradiso degli sciatori, e dai larghi pendii che conducono al P.so Furcia. Alture boscose, il Piz de Plaies ed il M. Corn con i loro pendii erbosi formano una cintura verde che attornia l'abitato posto al centro della valle. La popolazione di S. Vigilio è ladina. Numerosi gli esercizi alberghieri. La località fu antica sede giurisdizionale («al vecchio tiglio»); ad essere investite di un simile privilegio furono le monache del vicino convento di Castel Badia presso S. Lorenzo. S. Vigilio diede i natali a Catharina Lanz, la famosa «ragazza di Spinga» che si distinse nella difesa del cimitero di Spinga (1797). La località è un rinomato centro di soggiorno estivo ed invernale, grazie anche al collegamento con gli impianti di risalita del vicino Plan de Corones ed alle piste per lo sci di fondo.

### Curiosità del luogo e dintorni

La **parrocchiale di S. Vigilio**, ora barocca, XVIII sec., viene menzionata già nel 1293 (affreschi sul soffitto di Matthias Günther da Augusta). - **Castel Asch**, distrutto da un incendio nel 1958, fu il castello avito dei signori von Prack. - La **Pieve di Marebbe** (Madonna del Buon Consiglio con immagini votive). - **Castel Râs**. - Il **lago della Creta** (40 sorgenti) nella Val dai Tàmersc. - La **flora alpina al Plan Pecëi**. - L'**Alpe di Tàmersc** (teatro di battaglie nel 1487). - **Rifugio Pederù** (magazzino di rifornimento austriaco durante la I guerra mondiale). - L'**Alpe di Fanes** con il Lago Verde ed il Lago di Limo. - L'**Alpe di Fodara Vedla** e **di Senes**, inglobate nel **Parco Naturale di Fanes-Sennes-Braies**, punto di partenza per numerose camminate ed escursioni in alta montagna.

### Passeggiate ed escursioni

Nella Val di Tàmersc (val di Rado): per ´Ciamaur fino al Lago della Creta, ore 1, da lì per Tàmersc al Rif. Pederù, ore 2, più oltre sino al Rif. Fanes, 2060 m, ore 1.30.

## MISURINA                                                              F 4-5

Frazione del Comune di Auronzo di Cadore, Prov. di Belluno, abitanti: 3800 (compreso Auronzo di Cadore), altezza s.l.m.: 1756 m, CAP: I-32040. **Informazioni**: Ufficio Turistico Misurina. **Stazioni ferroviarie**: Dobbiaco (20 km), Calalzo di Cadore (44 km). **Collegamento autobus**: con Dobbiaco, Calalzo di Cadore, Cortina d'Ampezzo. **Impianti di risalita**: seggiovie e sciovie.

Il Lago di Misurina, tra il Monte Cristallo ed il Gruppo dei Cadini, viene annoverato a ragione tra i più famosi e pittoreschi laghi dolomitici. Il panorama più suggestivo viene offerto da nord, dove le vette del Sorapiss si rispecchiano nelle sue acque. Sulla riva occidentale del lago, percorsa dalla

Strada d'Alemagna, giace la celebre località turistica di Misurina, ricca di alberghi e di infrastrutture che la qualificano tra le più frequentate stazioni climatiche sia d'inverno che d'estate. Essa è base di partenza per molte escursioni e ascensioni nel Gruppo dei Cadini. Qui ha inizio la strada panoramica a pedaggio che conduce in 7 km al Rif. Auronzo, ai piedi delle Tre Cime di Lavaredo (percorribile solo in estate).

**Curiosità del luogo e dintorni**
Le **Tre Cime di Lavaredo**. - L'**ex sbarramento austriaco** al Passo Tre Croci.

**Passeggiate ed escursioni**
Giro del lago, sulla riva orientale in mezzo al bosco, 45 min. ca. - Al Rif. Col de Varda, 2115 m, un bel punto panoramico sul fianco occidentale del Gruppo dei Cadini, ore 1 (anche in seggiovia, direttamente dal lago). - Al piccolo Lago d'Antorno, nei pressi della strada al Rif. Auronzo, 30 min. - Sul Monte Piana, 2324 m; da Misurina per una carrozzabile di 6 km al Rif. Angelo Bosi al Monte Piana, 2205 m, da lì in 30 min. ca. alla cima, aspramente contesa durante il primo conflitto mondiale. Vista panoramica sui gruppi dolomitici circostanti. Si può collegare a questa escursione una discesa al Lago di Landro, ore 2.30. - Al Rif. Fratelli Fonda Savio, 2359 m, ore 2. - Al Rif. Città di Carpi, 2110 m, da Col de Varda (fin lì in seggiovia), ore 1.30. - Al Rif. Locatelli, 2405 m; da Misurina con l'auto al Rif. Auronzo (pedaggio) e da lì a piedi, oltrepassando una cappella, il monumento ai caduti e la Forcella Lavaredo, dal Rif. Auronzo al Rif. Locatelli, ore 1.30. Anche nell'area che circonda le famose Tre Cime di Lavaredo si trovano resti di postazioni militari e trincee della prima guerra mondiale. - Per ulteriori escursioni si veda ai singoli rifugi. Escursione circolare: attorno alle Tre Cime di Lavaredo dal Rif. Auronzo oltre il Rif. Lavaredo, la Forcella Lavaredo, La Grava Longa e la Forcella Col di Mezzo, ore 3.

## SAN VITO DI CADORE

Comune, Prov. di Belluno, abitanti: 1.645, altezza s.l.m.: 1010 m, CAP: I-32046. **Informazioni**: Azienda Promozione Turistica «Dolomiti», Ufficio I.A.T. di S. Vito di Cadore. **Stazione ferroviaria**: Calalzo (22 km). **Collegamento autobus** con Calalzo, Cortina d'Ampezzo, Dobbiaco. **Impianti di risalita**: seggiovie e sciovie.

San Vito di Cadore, che con le frazioni di Chiapuzza e Serdes si adagia in un'amena conca sulla riva sinistra del Bòite, è la più importante località turistica della valle dopo Cortina d'Ampezzo. La splendida posizione, fra Pelmo e Becco di Mezzodì ad ovest e Sorapiss ed Antelao ad est, ne fa una frequentata stazione climatica sia estiva che invernale, dotata di moderne infrastrutture ricettive e sportive. Numerose e varie le escursioni d'alta montagna nella zona dell'Antelao e del Sorapiss, dove si trovano rifugi e bivacchi.

Il territorio comunale di San Vito, tuttora vasto, arriva un tempo fino al Passo Giau, dove si può ancora osservare un antico confine. A seguito delle numerose liti per il possesso di pascoli e boschi fra gli abitanti di San Vito e quelli di Ampezzo, i Cadorini eressero nel 1753 la «muraglia di Giau», che segnava il confine tra i due comuni e contemporaneamente fra l'impero asburgico e il territorio veneziano. Questo muro è tuttora riconoscibile, poco sotto il passo, da cippi, croci e dagli stemmi austriaci e veneziani incisi nella roccia. Altre liti di confine si verificarono nel XVII e nel XVIII secolo per il possesso e lo sfruttamento delle miniere di piombo al Col Piombin, che si rivelarono però poco redditizie. I resti di un altro muro di confine (eretto nel 1780), simile alla «muraglia di Giau», sono ancora oggi visibili alla Forcella d'Ambrizzola.

### Curiosità del luogo e dintorni
Nella **Parrocchiale** dipinto di Francesco Vecellio, il fratello maggiore del Tiziano. - Nei pressi della parrocchiale la **Chiesetta della Madonna della Difesa**, eretta per voto nel 1512-16, con abside decorata da semplici affreschi.

### Passeggiate ed escursioni
Al laghetto di San Vito, 978 m, situato sotto l'abitato direttamente sulla riva del Bòite; lido e noleggio barche, d'inverno pista di pattinaggio, 10 min. - Al Rif. San Marco, 1823 m, al margine meridionale del Sorapiss, per il Belvedere e il Rif. Scotter Palatini, ore 2 (medio). - Al Rif. Galassi, 2018 m, a nord dell'Antelao, da S. Vito per il Rif. Scotter Palatini e la Forcella Piccola, ore 3 (medio).

---

© **euroedit s.r.l.** Via del Commercio, 59 - I-38100 Trento Fax 0461823581

Anzeigenverkauf und -gestaltung/Vendita ed impostazione inserti pubblicitari:
KV KOMMUNALVERLAG GmbH & Co.KG, Arabellastraße 4, D-81925 München,
Tel. 089/92 80 96 26, Fax 089/92 80 96 38, http://www.kommunal-verlag.de

Testo/Text:
© **KOMPASS-Karten GmbH**
Kaplanstraße 2, A-6063 Rum/Innsbruck
Fax 0043/(0)512/26 55 61-8
e-mail: kompass@kompass.at
http://www.kompass.at

Fotocomposizione/Fotosatz: Linotipia Colombo snc Bolzano/Bozen

Elenco foto/Bildnachweis:
Foto di copertina sulla cartina e del libretto/Titelbild Karte und Textheft:
*Panorama di Cortina, sullo sfondo il Cristallo. (Roberto Ghedina - Archivio APT «Dolomiti»)/Ansicht von Cortina, im Hintergrund der Monte Cristallo (Roberto Ghedina - Archiv APT "Dolomiten")*
*Oberarzbacher pp./S. 5, 7, 8, 20, 26, 33, 35, 37; Fiebrandt p./S. 15; Kasseroler p./S. 18.*

Codice editore/Verlagsnummer 617
ISBN 3-85491-543-8

**Verzeichnis der Telefonnummern der wichtigsten Alpengasthöfe und Unterkunftshütten / Elenco dei numeri telefonici dei più importanti alberghi alpini e rifugi:**

### Sextner Dolomiten / Dolomiti di Sesto
Angelo-Bosi-Hütte/Rifugio: 043 539 034
Auronzo-Hütte/Rifugio: 043 539 002
Berti-Hütte/Rifugio: 043 567 155
Büllelejochhütte/Pian di Cengia, Rifugio: 0474 710 258
Carducci-Hütte/Rifugio: 0435 400 485
Città di Carpi-Hütte/Rifugio: 043 539 139
Col de Varda-Hütte/Rifugio: 043 539 041
Dreischusterhütte/Tre Scarperi, Rifugio: 0474 966 610
Drei-Zinnen-Hütte/Locatelli, Rifugio: 0474 972 002
Fonda-Savio-Hütte/Rifugio: 043 539 036
Rotwandwiesenhütte/Prati di Croda Rossa, Rifugio: 0474 710 651
TalschlußhütteFischleintal/Fondovalle Fiscalina, Rifugio: 0474 710 606

### Cristallo, Sorapiss, Marmarole, Pomagagnon
Galassi Hütte/Rifugio: 04 369 685
Lorenzi Guido Hütte/Rifugio: 0436 866 196
San Marco Hütte/Rifugio: 04 369 444
Scotter Palatini Hütte/Rifugio: 043 699 035
Son Forca Hütte/Rifugio: 0436 861 822
Tondi di Faloria Hütte/Rifugio: 04 365 775
Vandelli Hütte/Rifugio: 043 539 015

### Tofane
Dibona Hütte/Rifugio: 0436 860 294
Duca d'Aosta Hütte/Rifugio: 04 362 780
Giussani Camillo Hütte/Rifugio: 04 365 740
Lagazuoi Hütte/Rifugio: 0436 867 303
Pomedes Hütte/Rifugio: 0436 862 061
Valparola Hütte/Rifugio: 0436 866 556

### Gruppo di Fanes
Faneshütte/ Fanes, Rifugio: 0474 501 097
Fodara Vedla Hütte/ Fodara Vedla, Rifugio: 0474 501 093
Lavarellahütte/ Lavarella, Rifugio: 0474 501 079
Pederühütte/ Pederù, Rifugio: 0474 501 086
Seekofelhütte/ Biella, Rifugio: 0436 866 991
Sennesalm Schutzhütte/ Munt de Sennes, Rifugio: 0474 501 311
Senneshütte/ Sennes, Rifugio: 0474 501 092

**Verzeichnis der Verkehrsvereine / Elenco delle Associazioni Turistiche:**

|  | Tel. | Fax |
|---|---|---|
| Auronzo di Cadore | 0435 400 666 | 0435 400 161 |
| Calalzo di Cadore | 043 532 348 | 0435 517 225 |
| Cortina d'Ampezzo | 04 363 231 | |
| Enneberg/Marebbe | 0474 501 037 | 0474 501 566 |
| Misurina | 043 539 016 | |
| Prags/Braies | 0474 748 660 | 0474 749 242 |
| San Vito di Cadore | 04 369 119 | 043 699 345 |
| Sexten/Sesto | 0474 710 310 | 0474 710 318 |
| Toblach/Dobbiaco | 0474 972 132 | 0474 972 730 |

**Alle Angaben ohne Gewähr! / Informazioni non garantite!**

# Quadro d'insieme carte in scala 1:25 000
# Wanderkarten im Maßstab 1:25 000

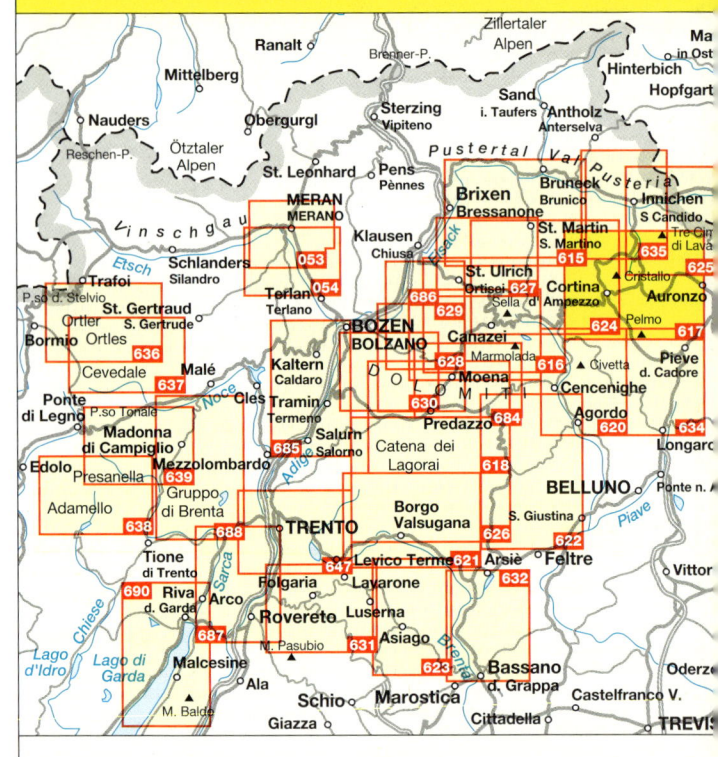

K 615 Brixen - St. Vigil - Enneberg/Bressanone - San Vigilio
K 616 Gröden/Val Gardena - Sella - Canazei
K 617 Cortina d'Ampezzo - Dolomiti Ampezzane
K 618 Fleimstal/Val di Fiemme - Catena dei Lagorai
K 620 Alleghe - M. Pelmo - M. Civetta *
K 621 Valsugana - Cima d'Asta - Val dei Mocheni *
K 622 Pale di San Martino - Fiera di Primiero
K 623 Altopiano di Asiago *
K 624 Hochbtei - Alta Val Badia *
K 625 Sextner Dolomiten/Dolomiti di Sesto *
K 626 Catena dei Lagorai - Cima d'Asta *
K 627 Villnösstal/Val di Funes *
K 628 Rosengarten - Schlern/Catinaccio - Sciliar *
K 629 Rosengarten/Catinaccio - Latemar *
K 630 Regglberg/Latemar - Eggental/Val d'Ega *

K 631 Altipiani di Folgaria, Lavarone e Luserna *
K 632 Bassano del Grappa e Monte Grappa
K 634 Pieve di Cadore - M.Antelao - Sasso di Bosconero
K 635 Hochpustertal/Alta Pusteria *
K 636 Ortles/Ortler - Passo dello Stelvio - Valfurva *
K 637 Cevedale - Valle di Peio - Alta Valfurva *
K 638 Adamello - Val Genova - Val di Fumo *
K 639 Presanella - Madonna di Campiglio - Tonale *
K 647 Trento e dintorni *
K 684 Moena e dintorni *
K 685 Südtiroler Weinstrasse - La Strada del Vino
K 686 Val di Fassa - Sella e Marmolada *
K 687 M. Stivo - M. Bondone - Rovereto - Mori - Arco *
K 688 Gruppo di Brenta - M. di Campiglio - Andalo - Molveno
K 690 Alto Garda e Ledro - Riva del Garda - Malcesine - Torbole - Limone

Titoli con breve guida in lingua italiana e tedesca.
Titel mit Kurzführer in deutscher und italienischer Sprache

\* Senza guida
\* Ohne Kurzführer